EDUCAÇÃO (TRANS)FORMADORA
A JORNADA DE PROFESSORES SEM FRONTEIRAS EM LIMERICK - IRLANDA

Editora Appris Ltda.
1.ª Edição - Copyright© 2025 dos autores
Direitos de Edição Reservados à Editora Appris Ltda.

Nenhuma parte desta obra poderá ser utilizada indevidamente, sem estar de acordo com a Lei nº 9.610/98. Se incorreções forem encontradas, serão de exclusiva responsabilidade de seus organizadores. Foi realizado o Depósito Legal na Fundação Biblioteca Nacional, de acordo com as Leis nos 10.994, de 14/12/2004, e 12.192, de 14/01/2010.

Catalogação na Fonte
Elaborado por: Josefina A. S. Guedes
Bibliotecária CRB 9/870

E244e 2025	Educação (trans)formadora: a jornada de professores sem fronteiras em Limerick – Irlanda / Gabriel Rocha (org.) – 1. ed. – Curitiba: Appris, 2025. 162 p. : il. color; 23 cm. – (Educação, tecnologias e transdisciplinaridades). Inclui referências. ISBN 978-65-250-7427-6 1. Educação internacional – Irlanda 2. Intercâmbio educacional – Fortaleza. I. Rocha, Gabriel. II. Título. III. Série. CDD – 378.37

Livro de acordo com a normalização técnica da ABNT

Editora e Livraria Appris Ltda.
Av. Manoel Ribas, 2265 – Mercês
Curitiba/PR – CEP: 80810-002
Tel. (41) 3156 - 4731
www.editoraappris.com.br

Printed in Brazil
Impresso no Brasil

Gabriel Rocha
(org.)

EDUCAÇÃO (TRANS)FORMADORA
A JORNADA DE PROFESSORES SEM FRONTEIRAS EM LIMERICK - IRLANDA

Appris
editora

Curitiba, PR
2025

FICHA TÉCNICA

EDITORIAL	Augusto Coelho
	Sara C. de Andrade Coelho

COMITÊ EDITORIAL	
Ana El Achkar (Universo/RJ)	Lucas Mesquita (UNILA)
Andréa Barbosa Gouveia (UFPR)	Márcia Gonçalves (Unitau)
Antonio Evangelista de Souza Netto (PUC-SP)	Maria Aparecida Barbosa (USP)
Belinda Cunha (UFPB)	Maria Margarida de Andrade (Umack)
Délton Winter de Carvalho (FMP)	Marilda A. Behrens (PUCPR)
Edson da Silva (UFVJM)	Marília Andrade Torales Campos (UFPR)
Eliete Correia dos Santos (UEPB)	Marli Caetano
Erineu Foerste (Ufes)	Patrícia L. Torres (PUCPR)
Fabiano Santos (UERJ-IESP)	Paula Costa Mosca Macedo (UNIFESP)
Francinete Fernandes de Sousa (UEPB)	Ramon Blanco (UNILA)
Francisco Carlos Duarte (PUCPR)	Roberta Ecleide Kelly (NEPE)
Francisco de Assis (Fiam-Faam-SP-Brasil)	Roque Ismael da Costa Güllich (UFFS)
Gláucia Figueiredo (UNIPAMPA/ UDELAR)	Sergio Gomes (UFRJ)
Jacques de Lima Ferreira (UNOESC)	Tiago Gagliano Pinto Alberto (PUCPR)
Jean Carlos Gonçalves (UFPR)	Toni Reis (UP)
José Wálter Nunes (UnB)	Valdomiro de Oliveira (UFPR)
Junia de Vilhena (PUC-RIO)	

SUPERVISORA EDITORIAL	Renata C. Lopes
PRODUÇÃO EDITORIAL	Sabrina Costa
REVISÃO	J. Vanderlei
DIAGRAMAÇÃO	Jhonny Alves dos Reis
CAPA	Danielle Paulino
REVISÃO DE PROVA	Daniela Nazario

COMITÊ CIENTÍFICO DA COLEÇÃO EDUCAÇÃO, TECNOLOGIAS E TRANSDISCIPLINARIDADES

DIREÇÃO CIENTÍFICA	Dr.ª Marilda A. Behrens (PUCPR)	Dr.ª Patrícia L. Torres (PUCPR)
CONSULTORES	Dr.ª Ademilde Silveira Sartori (Udesc)	Dr.ª Iara Cordeiro de Melo Franco (PUC Minas)
	Dr. Ángel H. Facundo (Univ. Externado de Colômbia)	Dr. João Augusto Mattar Neto (PUC-SP)
	Dr.ª Ariana Maria de Almeida Matos Cosme (Universidade do Porto/Portugal)	Dr. José Manuel Moran Costas (Universidade Anhembi Morumbi)
	Dr. Artieres Estevão Romeiro (Universidade Técnica Particular de Loja-Equador)	Dr.ª Lúcia Amante (Univ. Aberta-Portugal)
	Dr. Bento Duarte da Silva (Universidade do Minho/Portugal)	Dr.ª Lucia Maria Martins Giraffa (PUCRS)
	Dr. Claudio Rama (Univ. de la Empresa-Uruguai)	Dr. Marco Antonio da Silva (Uerj)
	Dr.ª Cristiane de Oliveira Busato Smith (Arizona State University /EUA)	Dr.ª Maria Altina da Silva Ramos (Universidade do Minho-Portugal)
	Dr.ª Dulce Márcia Cruz (Ufsc)	Dr.ª Maria Joana Mader Joaquim (HC-UFPR)
	Dr.ª Edméa Santos (Uerj)	Dr. Reginaldo Rodrigues da Costa (PUCPR)
	Dr.ª Eliane Schlemmer (Unisinos)	Dr. Ricardo Antunes de Sá (UFPR)
	Dr.ª Ercilia Maria Angeli Teixeira de Paula (UEM)	Dr.ª Romilda Teodora Ens (PUCPR)
	Dr.ª Evelise Maria Labatut Portilho (PUCPR)	Dr. Rui Trindade (Univ. do Porto-Portugal)
	Dr.ª Evelyn de Almeida Orlando (PUCPR)	Dr.ª Sonia Ana Charchut Leszczynski (UTFPR)
	Dr. Francisco Antonio Pereira Fialho (Ufsc)	Dr.ª Vani Moreira Kenski (USP)
	Dr.ª Fabiane Oliveira (PUCPR)	

PREFÁCIO

O mundo sempre se apresentou ao homem como uma grande ágora, onde o aprender e ensinar determinaram os modos de vida e sobrevivência da humanidade. A curiosidade humana e o desejo por conhecimento fizeram com que a educação florescesse, no solo fértil de cada povo, mas as epistemologias do campo do ensino e aprendizagem tem suas fronteiras e são entendidas por diferentes perspectivas, pois a cultura de cada sociedade funciona com uma lógica educacional própria.

Nesse sentido, cada nação tem seu modo de ensinar e aprender particular, mas algumas se destacam pela utilização de novas ferramentas ou metodologias educacionais que os fazem liderar rankings de avaliação da educação no mundo. E é buscando essas particularidades educacionais que o Programa Professor Sem Fronteiras, busca conhecer novos olhares para o ensino e aprendizagem que poderão ser aplicados na realidade da Rede Municipal de Ensino de Fortaleza.

O grande escritor luso, José Saramago, em um conto intitulado: *a ilha desconhecida*, afirma que: *"É preciso sair da ilha para ver a ilha. Não nos vemos se não saímos de nós"* (SARAMAGO, 1997). De fato, ao rompermos as fronteiras e conhecermos novos horizontes é possível com maior clareza entender nossa realidade e vislumbrar melhor o lugar onde vivemos.

Portanto, os relatos de experiências desta publicação retratam esse olhar fora da ilha, mas impregnado de sensibilidade, onde um grupo de professores da Rede Pública Municipal de Ensino de Fortaleza, realizaram um intercâmbio educacional, na ilha esmeralda, a República da Irlanda, país de destaque nos rankings educacionais globais, para vivenciar a realidade educacional deste país e aprender com suas boas práticas.

Ao romper as fronteiras brasileiras, nossos professores buscam quebrar paradigmas e vencer obstáculos do ensino e aprendizagem em um mundo e uma época cada vez mais dinâmica, conectada e que tem como desafios a inclusão, a equidade e a constante necessidade de prender a atenção dos educandos em um mar de telas e redes sociais.

A virtualização da vida e seu cotidiano, reclama novas perspectivas educacionais, pois o chão da escola virtualiza-se, mesmo compartilhando a realidade analógica, a busca de um meio termo é a aventura a ser vivenciada pelos educadores atualmente.

Embora tenham realidades distintas, Brasil e Irlanda, os pontos de intercessão desta enorme teia cultural, encontram-se nas abordagens e metodologias educacionais aplicadas nos dois países. É evidente que o fazer pedagógico é impregnado da cultura e dos contextos locais, Paulo Freire já nos alertava sobre isso em obras como a *pedagogia do oprimido* e *ação cultural para a liberdade*, mas algumas semelhanças e particularidades podem ser adaptadas para uma perspectiva universal de ensino e aprendizagem.

Temas como currículo, metodologias de ensino e aprendizagem, saúde emocional e mental, tecnologias educacionais e inclusão, têm perspectivas universais que olhares culturais distintos, sob o víes educacional, podem adaptar à realidade e cotidiano de suas escolas. Hoje, todos esses temas representam desafios na educação de diversos países, portanto, você encontrará nesta leitura o olhar atento dos professores intercambistas, que realizaram paralelos entre o que é feito no sistema educacional irlandês e o que é posto em prática no Brasil.

Nesta troca de experiências, o arco-íris educacional irlandês se revela como uma jovem república, que apostou na educação como uma ferramenta para o desenvolvimento social e econômico do país, onde o pote de ouro é o investimento em escolas de qualidade, com corpo discente qualificado e valorizado, onde o aluno é o protagonista.

Fica claro que a educação é a porta para a cidadania e para uma vida digna, onde o cidadão bem instruído contribuirá para uma sociedade mais justa, solidária e equânime, impactando no desenvolvimento econômico e social do país. Nessa perspectiva, a Irlanda tem muito a contribuir com o Brasil, uma vez que na realidade da cidade de Fortaleza, busca-se cotidianamente a melhora do seu sistema educacional, em um viés integral e de formação cidadã.

Portanto, fica o nosso convite, a você leitor, para desbravar o que os nossos professores intercambistas destacam como possibilidades de ensino e aprendizagem a serem aplicadas em nossa Rede Municipal de ensino.

A todos e todas, uma boa leitura!!!

Prof.ª Germânia Kelly Ferreira de Medeiros
Dr.ª em Ciências da Educação
Profa. da rede estadual de ensino do Ceará

SUMÁRIO

INTRODUÇÃO 9

PARTE I:
REFLEXÕES SOBRE EDUCAÇÃO: CONEXÕES ENTRE IRLANDA E FORTALEZA

CAPÍTULO 1
O SISTEMA EDUCATIVO IRLANDÊS: PARTICULARIDADES E FUNCIONAMENTO..13
Francisca Arivaldenia Braga Mendonça Reis, Maria Cristina Nunes de Sousa, Maria Enildes Santos Antunes, Maria José Gonçalves Bernardo

CAPÍTULO 2
ABORDAGENS PEDAGÓGICAS EFICAZES BASEADAS EM PESQUISA PARA OTIMIZAR OS RESULTADOS DE APRENDIZAGEM DAS CRIANÇAS 25
Gilvânia Rocha Rodrigues de Oliveira, Leila Maria Rodrigues Silva, Maria das Graças Barros, Régia Costa farias

CAPÍTULO 3
GARANTINDO O BEM-ESTAR EMOCIONAL E MENTAL DOS ALUNOS NAS ESCOLAS 41
Ana Stela Pereira dos Santos, Paulo Gabriel Lima da Rocha, Sônia Elane Araújo

CAPÍTULO 4
CRIANDO UM AMBIENTE DE APRENDIZAGEM POSITIVO NAS ESCOLAS.. 61
Ronny Roberto Queiroz De Assis, Claudecio Moreira dos Santos, Eveline Pereira Dantas, Joana D'arc Matos Fernandes Dutra

CAPÍTULO 5
DESENVOLVENDO UM AMBIENTE ESCOLAR INCLUSIVO: REFLEXÕES ENTRE A EDUCAÇÃO IRLANDESA E A REALIDADE DE FORTALEZA 73
Paulo Gabriel Lima da Rocha, Ana Alice Coutinho de Araújo, Maria Fabiana Machado de Oliveira, Erika Regine de Melo Montenegro

CAPÍTULO 6
O CURRÍCULO COMO EIXO NORTEADOR PARA A PROMOÇÃO DA APRENDIZAGEM NA IRLANDA: PERCEPÇÕES DE QUATRO PROFESSORES BRASILEIROS A PARTIR DE UMA IMERSÃO NAS ESCOLAS PÚBLICAS IRLANDESAS 85

Ana Maria Barreto de Lima, Clauber Nascimento de Sousa, Marizio Alexandre Silva Miranda, Regina Ângela Esteves da Justa Santos

CAPÍTULO 7
EDUCAÇÃO E TECNOLOGIA DIGITAL: UM PARALELO ENTRE FORTALEZA E A IRLANDA 99

Sherida Ferreira Pinheiro de Mesquita, Magno dos Santos Gomes

PARTE II:
CARTA ABERTA AOS PROFESSORES DA REDE MUNICIPAL DE ENSINO DE FORTALEZA: REFLEXÕES DA EXPERIÊNCIA NA IRLANDA PARA O FORTALECIMENTO EDUCACIONAL NO NOSSO MUNICÍPIO

SOBRE OS AUTORES 157

INTRODUÇÃO

O livro *Educação (Trans)formadora* surge na perspectiva de um relato inspirador das vivências de um grupo de vinte e cinco educadores da Rede Municipal de Educação de Fortaleza que, em 2023, participaram de um intercâmbio educacional em Limerick, na Irlanda, através do Programa Professores Sem Fronteiras. Este programa, promovido pela Secretaria Municipal de Educação de Fortaleza, foi concebido para proporcionar aos docentes uma imersão em realidades educacionais de outros países, permitindo-lhes explorar novas práticas pedagógicas e metodologias inovadoras que possam enriquecer a educação em suas próprias comunidades e para além delas.

Durante duas semanas, os professores participantes foram instigados a refletir suas práticas e saberes por meio de diversas atividades educacionais, incluindo aulas e seminários na *Mary Immaculate College (MIC)*, visitas às escolas locais e interações com educadores irlandeses. Essas experiências permitiram uma análise aprofundada do sistema educacional irlandês e abriram espaço para debates e reflexões sobre os desafios e as oportunidades da educação contemporânea. O foco esteve não apenas em observar as práticas educativas de outro país, mas também em trocar saberes e compartilhar as ricas experiências educacionais desenvolvidas em Fortaleza, criando uma via de aprendizado mútuo e colaborativo.

O intercâmbio em Limerick destacou a importância de uma educação centrada no bem-estar emocional, social e intelectual dos alunos, na inclusão, na diversidade e no uso de metodologias ativas que promovam a autonomia, a criatividade e a emancipação. Os professores foram incentivados a buscarem novas formas de engajar e inspirar seus alunos, aplicando os conhecimentos adquiridos em um contexto local. A partir dessas vivências, o programa contribuiu para o aprimoramento da prática docente, promovendo uma educação de qualidade e inclusiva, que respeita e valoriza a individualidade de cada estudante.

Este livro compila relatos dessas experiências enriquecedoras e reflete sobre o impacto transformador que um programa de intercâmbio educacional pode ter na formação de professores e na sua prática escolar. Espera-se que as histórias e conhecimentos compartilhados aqui inspirem outros educadores a se engajarem em processos contínuos de aprendizado, inovação e desenvolvimento profissional, em prol de uma educação que transcenda fronteiras e que seja cada vez mais inclusiva, humanizadora e transformadora.

O Programa Professores sem Fronteiras foi publicado sob a Lei nº 11.248/2022 com a proposta de enviar duzentos professores efetivos da rede municipal de Fortaleza para o intercâmbio até o final de 2024, conhecendo e vivenciando práticas educacionais de destaque internacional em países de referência no cenário mundial, como foi o caso da Irlanda.

Esse programa proporciona vivências e correlação curricular nas diversas modalidades: Educação Infantil, Ensino Fundamental (séries iniciais e finais), Educação de Jovens e Adultos, Educação Inclusiva, e outras áreas correlatas que se manifestam no cotidiano escolar, além do aperfeiçoamento na língua inglesa. Todas essas experiências são geradoras de impacto no desempenho acadêmico e na função social desenvolvida por cada participante do programa.

"O professor é um ser do mundo e não pode ser pensado ou pautado fora dessa perspectiva real, não como um indivíduo isolado, mas, como um trabalho de transformação social e transformador de vida"[1]. Essa imersão na cultura e nas práticas educacionais de outros países deixa um legado a inspirar novos atores da educação que podem se servir dos seus pares para refletir e redirecionar as práticas na perspectiva de transpor limites e construir uma sociedade mais humana e emancipatória.

Vamos começar esta jornada de descobertas e reflexões, convidando todos os leitores a explorarem novas possibilidades na educação e a abraçar a ideia de que, como professores, somos todos "Sem Fronteiras".

Prof.ª Marisa Botão de Aquino
Mestra em Políticas públicas e Sociedade - UECE
Coordenadora Executiva da Assessoria de Governança – SME

Prof.ª Aline Gadelha Figueiredo
Pedagoga – UECE com atuação em avaliação e gestão educacional
Supervisora Escolar e Coordenadora do Distrito de Educação II

---

[1] MELO, Junior Ribeiro de. Formação docente e a prática pedagógica: Os saberes docentes diante da prática pedagógica. Revista Científica Multidisciplinar Núcleo do Conhecimento, ano 5, ed. 11, v. 17, p. 139-152, Novembro de 2020. ISSN: 2448-0959. Link de acesso: https://www.nucleodoconhecimento.com.br/educacao/saberes-docentes.

PARTE I:

REFLEXÕES SOBRE EDUCAÇÃO: CONEXÕES ENTRE IRLANDA E FORTALEZA

CAPÍTULO 1

O SISTEMA EDUCATIVO IRLANDÊS: PARTICULARIDADES E FUNCIONAMENTO

Francisca Arivaldenia Braga Mendonça Reis
Maria Cristina Nunes de Sousa
Maria Enildes Santos Antunes
Maria José Gonçalves Bernardo

A educação é a arma mais poderosa
que você pode usar para mudar o mundo.
(Nelson Mandela)

1. INTRODUÇÃO

Este capítulo foi escrito com grande satisfação e emoção, trazendo relatos de experiências vividas em Limerick, na Irlanda, por meio do Programa Professores sem Fronteiras, promovido pela Prefeitura de Fortaleza. Durante duas semanas, nos envolvemos em um processo intenso de aprendizagem, pesquisa e intercâmbio de conhecimentos, explorando o sistema educacional irlandês e as diversas riquezas naturais e culturais que conectam Brasil e Irlanda, no presente e no passado.

A nossa jornada iniciou-se com uma calorosa recepção do Prefeito de Limerick, Gerald Mitchell, e do Presidente da *Mary Immaculate College (MIC)*, Professor Eugene Wall. Refletimos, debatemos e compartilhamos opiniões, estudos e sugestões sobre o processo educacional que experimentamos, buscando trazer contribuições valiosas para o trabalho docente em Fortaleza. Também apresentamos nossas práticas de excelência no sistema educacional da nossa cidade, identificando pontos comuns e elementos de maior relevância em ambos os contextos.

O principal objetivo desta experiência foi ampliar horizontes, compreender o processo educacional de outros países e compartilhar nossas próprias vivências, sempre com o intuito de aprimorar o sistema educacional e melhorar a aprendizagem dos nossos alunos. Durante nossa estadia, buscamos inovar, transformar e enriquecer o processo pedagógico, explorando os conteúdos apresentados em aulas ministradas pela *Mary Immaculate College (MIC)* e participando de diversas atividades, como visitas às escolas, seminários e estágios.

Nossa imersão envolveu também visitas a outros ambientes educacionais, como o Centro de Terapia de Artes Criativas para Crianças e Adolescentes *(Blue Box)* e o Centro Comunitário *Our Lady of Lourdes*. Exploramos a riqueza cultural de Limerick visitando a Catedral St. Mary, o Castelo King John, e conhecemos cidades e atrações como Dingle, Slea Head Drive, Cliffs of Moher, Vilarejo de Lahinch, Galway, Killaloe (no Condado de Clare), o Lago Derg, o Castelo Bunratty e a capital Dublin.

Essas experiências proporcionaram um intercâmbio enriquecedor de práticas e ideias, com o propósito de transformar a educação e melhorar continuamente o nosso processo de aprendizagem pedagógica. Nesse sentido, buscaremos apresentar o sistema de educação na Irlanda refletindo sobre os pontos de aproximação para adequarmos medidas de aprimoramento da nossa educação em Fortaleza-CE.

2. O SISTEMA EDUCACIONAL IRLANDÊS

Para uma melhor compreensão do sistema educacional irlandês, observe-se a seguinte organização das etapas de ensino:

Imagem 1 – Sistema de educação na Irlanda

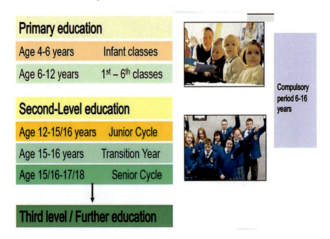

Fonte: https://slideplayer.com/slide/10269419

- Nível 1 – *Primary Education* (Ensino Primário): As crianças têm direito a frequentar a escola a partir dos cinco anos de idade, embora algumas crianças possam começar a escola já em 1º de setembro, após completarem quatro anos. A escola primária dura oito anos, após os quais a criança passa para a escola secundária.

- Nível 2 – *Second-level Education* (Ensino Médio); O ensino secundário começa entre os 12 e os 13 anos e consiste num ciclo juvenil (1º, 2º e 3º anos), um período de transição e um ciclo sênior (5º a 6º anos). Os alunos com idades entre 17 e 19 anos passam no exame final da escola, o *Leaving Certificate Examination*, que confirma sua admissão na universidade.

- Nível 3 – *Further Education* (Ensino Técnico): A formação continuada é uma fase de transição entre o segundo (escolar) e o terceiro (profissional) nível.

- *Professional and Higher Education* (Ensino Superior); ensino superior e profissional. No *National Qualifications System*, este setor educacional é representado por universidades, faculdades e institutos técnicos (escolas técnicas).

O sistema de ensino irlandês utiliza dois idiomas oficiais: o inglês e o irlandês. As informações urbanas, como placas de trânsito, sempre aparecem nas duas línguas. O início das aulas é sempre das 09h até às 14h, os menores saem às 13h e às 10h30 acontece o horário do recreio.

Os professores têm planejamento após as aulas. Os alunos PCDs (pessoas com deficiência), ficam duas horas na sala regular e depois vão para sala especial adequada para suas necessidades de desenvolvimento educacional. As escolas recebem alunos de todas as nacionalidades e religiões diferentes.

Na sala de aula, os alunos estão sempre em agrupamentos e não usam fila indiana. Há vários trabalhos estudantis expostos nos corredores e nas salas de aula das escolas. Salas extremamente organizadas e limpas. No chão das escolas há setas indicando o lado correto de subir e descer. O local de recreio acontece em pátios, ou em algumas quadras que possuem tetos retráteis adaptados para dias de chuva e sol. As brincadeiras têm sempre uma construção de aprendizagem e guiadas por um professor, não são brincadeiras soltas, mas guiadas e acompanhadas pelos professores.

As crianças, os professores e a família dão voz ao currículo escolar. Os professores usam de tecnologias para ministrar suas aulas, os alunos possuem uma caixa organizadora que são identificadas com o nome de cada um contendo material escolar. A sala de aula também é composta por vários itens que são utilizados em conteúdos específicos como Ciências, História, Geografia, Matemática, Artes, Músicas etc.

3. EXPERIÊNCIAS VIVIDAS NAS VISITAS ÀS ESCOLAS

No intercâmbio, além das aulas na *MIC*, tivemos a oportunidade de visitar algumas escolas da região, (*Scoil Mháthair Dé, Model School, St. Michael´s Infant School*), Centro de Terapia de Artes Criativas para Crianças e Adolescentes *(Blue Box)*, e conhecemos um pouco da rotina das escolas, os horários, as disciplinas, e o que mais nos chamou atenção, foi que em todas as escolas visitadas, a documentação pedagógica estava presente nas paredes das instituições, dentro e fora da sala de aula, as atividades estavam expostas, demonstrando os projetos trabalhados pelas crianças. Também fazem uso de quadro geral de formandos, todas as turmas retratadas anualmente, e expostas nos corredores das instituições.

A forma como as crianças expressam criatividade e demonstram seus sentimentos, através de desenhos coloridos, colagens, lembrou o que havíamos estudado com a professora Fionnuala Tynan, sobre o componente 3 de nossos estudos: Garantindo o bem-estar emocional e mental dos alunos nas escolas. Na aula, a professora informou que havia um documento chamado "*AISTEAR: The Early Childhood Curriculum Framework*", criado em 2009, que foi baseado em quatro pilares: Criatividade, Bem-estar, Comunicação e Identidade (NCCA, 2009). O documento tem como premissa principal a criança que é o centro de tudo e necessita desenvolver suas habilidades: espiritual, moral, cognitiva, emocional, imagética, estética, social e física.

Imagem 2 – Currículo da primeira infância.

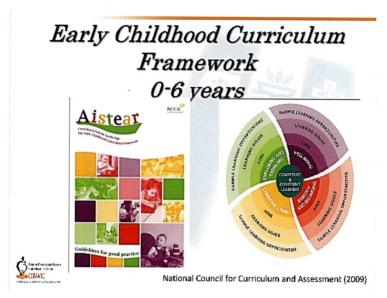

Fonte: https://encurtador.com.br/ooF80

Em Fortaleza, buscamos garantir o bem-estar das crianças, priorizando os princípios éticos, políticos e estéticos, conforme o artigo 6º das Diretrizes Curriculares Nacionais da Educação Infantil - DCNEI (BRASIL, 2010, p. 2):

> Art. 6º As propostas pedagógicas de educação infantil devem respeitar os seguintes princípios:
>
> I – Éticos: da autonomia, da responsabilidade, da solidariedade e do respeito ao bem comum, ao meio ambiente e às diferentes culturas, identidades e singularidades.
>
> II – Políticos: dos direitos de cidadania, do exercício da criticidade e do respeito à ordem democrática.
>
> III – Estéticos: da sensibilidade, da criatividade, da ludicidade e da liberdade de expressão nas diferentes manifestações artísticas e culturais.

Esses princípios ocorrem nas práticas diárias e nas vivências significativas das crianças e devem ser definidos nas Propostas Pedagógicas de cada instituição de ensino. Encontramos no Documento Curricular Referencial do Ceará - DCRC (CEARÁ, 2019, p. 122), algumas orientações sobre eles. Observamos o princípio ético, quando respeitamos as origens de cada criança, quando é respeitado seu direito de expressar-se livremente. O princípio político é garantido quando a criança participa ativamente das vivências e faz suas escolhas, como por exemplo: qual brinquedo quer escolher para brincar, quais cores quer usar para pintar. O princípio estético é possibilitado quando a criança expressa sua criatividade por meio de desenhos, pinturas, esculturas, entre outros, ampliando assim seu repertório de conhecimentos.

Em nosso intercâmbio, observamos que as crianças são motivadas a criarem sua rotina de estudos, a trabalharem em grupos, a cuidarem de seu material de estudo. Em algumas salas observamos uma caixa box individual, cada aluno mantinha a sua abaixo da carteira, depositando ali seu material didático diário. As crianças menores possuíam pastas com suas atividades diárias, também observamos que os menores, recebiam *stickers* (adesivos), como incentivos, quando faziam a lição. Esse cuidado em desenvolver nas crianças, desde cedo, o senso de responsabilidade, autorregulação e respeito aos materiais didáticos, nos lembrou o que foi abordado nos estudos, pela teoria dos "Anéis de Renzulli" apresentado pela professora Gabriela Staerke em uma das palestras que tivemos no intercâmbio. Essa teoria foi criada por Joseph Renzulli, psicólogo americano, os três anéis representam um comportamento superdotado, com habilidades acima da média, criatividade e motivação.

Figura 1 – Teoria dos três anéis de Renzulli

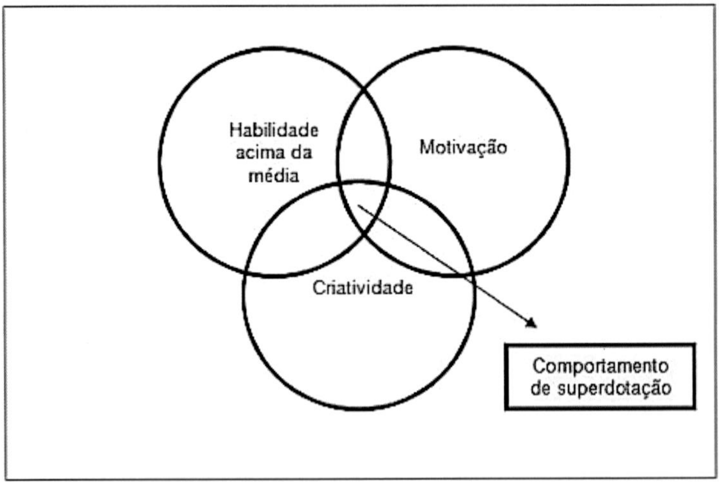

Fonte: RENZULLI, 1986

Conforme Passos, Valle-Ribeiro e Barbosa (2014, p. 170) dentro do anel "habilidade acima da média", está a capacidade geral que abrange o raciocínio verbal e numérico, e a capacidade específica que podem ser representadas por capacidade superior em dança, relações interpessoais, dentre outras áreas. A "motivação" significa um compromisso com uma atividade em particular, tais como estudar ou trabalhar, e insistir, perseverar até a conclusão da tarefa. Já a "criatividade" significa uma capacidade de elaborar obras de arte, informações e objetos de uma forma diferente à convencional, suas expressões se dão nos mínimos detalhes de comportamento e preferências.

Em Fortaleza, proporcionamos momentos de aprendizagem mediadas, com o intuito de desenvolver a autonomia e a auto-organização das crianças, seguindo as orientações das experiências de aprendizagens propostas no artigo 9º da atual DCNEI (BRASIL, 2010). Incentivamos as crianças a cuidarem de seu material individual, mochilas, sapatos, garrafas de água, bem como também, a zelar pelos bens coletivos, como brinquedos, mesas, e os recursos naturais, como fechar bem a torneira para não desperdiçar água, apagar as luzes e desligar os ventiladores quando saírem de sala. Tudo isso são ações concretas que realizamos em nossa rotina diária.

Em uma das visitas às instituições de educação irlandesas, fomos convidados a assistir uma apresentação de dança típica, organizada pelo professor de Artes, onde as crianças dançaram com desenvoltura e nos convidaram para dançar também. Nessa escola, também tivemos a oportunidade de realizar uma demonstração de Capoeira (arte afrobrasileira) com os professores Gabriel Rocha e Ana Estela, que despertou o interesse das crianças que ficaram extasiadas com a música e gingado com nossa expressão cultural.

Em outra ocasião, fomos convidados a fazer uma pequena apresentação em grupos para séries distintas na escola *(Model School)*, nosso grupo, composto por Maria José, Graça, Sônia, Cristina, Aline e como intérprete o Prof. Gilmar, apresentou um livro de literatura infantil chamado "Quem comeu o pão, na casa do João?". Iniciamos com uma breve apresentação do "mapa mundi", localizando o hemisfério sul, e o território brasileiro, e a nossa cidade Fortaleza, falamos um pouco do nosso clima, do nosso costume de comer pão e comparamos com os costumes irlandeses. O consumo de pão no Brasil está quase no mesmo nível que o consumo de batatas por eles. Então apresentamos o livro e pedimos para que cada criança falasse seu nome e depois falamos os nossos para elas, daí convidamos para que ouvissem uma canção sobre "Quem comeu o pão na casa do João?" e em seguida escolhemos alguns para participar e interagir conosco.

Nessa experiência, as crianças participaram ativamente e foi um momento muito prazeroso, pois apesar da limitação da língua, conseguimos nos entender melhor. Ao final, ofertamos o livro para a turma, para que ficasse como lembrança da nossa visita. A professora nos informou que havia duas crianças brasileiras na sala, ele se apresentou e disse que estava muito feliz em nos conhecer também.

Observamos em uma escola *(Scoil Mháthair Dé)* que o pátio tinha uma coberta, tinha um piso sintético e as colunas eram todas protegidas com esponjas, o diretor informou que independente do clima, era garantido às crianças o momento do parque. Ficamos muito impressionadas pelo cuidado em manter esse espaço disponível, muito importante no momento do recreio e para as socializações. Existe a necessidade de se atender os elementos básicos, como a segurança das crianças, o que me levou a lembrar de uma aula na *MIC*, com a Dra. Michelle Dunleavy sobre o componente de estudos 6: "Ciência do aprendizado e Avaliação", a professora nos mostrou a pirâmide de Maslow, e como ela poderia ser utilizada. Observamos essa preocupação nas visitas às escolas.

A Pirâmide de Maslow é uma idealização de Abraham H. Maslow, psicólogo norte-americano, onde se estabelece as condições necessárias para que o ser humano alcance sua satisfação pessoal e profissional. O esquema retratado na pirâmide demonstra a hierarquização das necessidades ao longo da vida do ser humano (CHIAVENATO, 2009) conforme podemos observar na figura abaixo:

Figura 2 – Hierarquia das necessidades humanas segundo Maslow

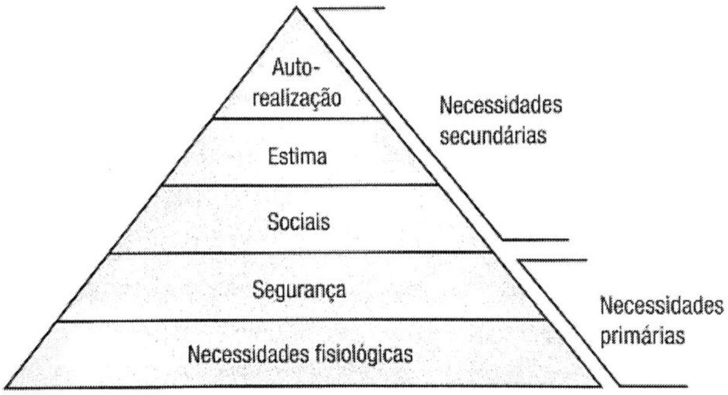

[Pirâmide de Maslow: Necessidades fisiológicas, Segurança (Necessidades primárias); Sociais, Estima, Auto-realização (Necessidades secundárias)]

Fonte: CHIAVENATO, 2009, p. 53

Sobre a hierarquia de Maslow, Chiavenato (2009, p. 52) afirma que:

> [...] as necessidades humanas estão arranjadas em uma pirâmide de importância no comportamento humano. Na base da pirâmide estão as necessidades mais baixas e recorrentes - as chamadas necessidades primárias, enquanto no topo estão as mais sofisticadas e intelectualizadas - as necessidades secundárias [...].

A pirâmide está dividida em cinco grupos, sendo que em sua base consta os elementos necessários para a sobrevivência humana, existem as necessidades primárias (básicas) que são as fisiológicas e as de segurança e as necessidades secundárias, que são as sociais, estima e autorrealização e para crescer na pirâmide, é preciso satisfazer minimamente as condições necessárias de cada nível. Os quatro primeiros níveis da pirâmide podem ser satisfeitos por aspectos extrínsecos ao ser humano, não só por seu desejo. A última parte da pirâmide, nunca é saciada, quanto mais se deseja concluir, mais a necessidade aumentará. O ser humano será motivado pelas necessidades que julgar mais importante. Observamos no sistema educacional irlandês a preocupação com o trabalho de ensino a partir desses níveis. No Brasil, a pirâmide também é estudada para se entender melhor o comportamento humano e criar estratégias que atendam às necessidades humanas e promovam o bem-estar.

4. CONSIDERAÇÕES FINAIS

Encerramos este relato repletos de aprendizados e experiências enriquecedoras proporcionadas pelo intercâmbio, que nos conduziu a uma jornada de duas semanas imersas na cidade de Limerick, na Irlanda. Essa aventura foi marcada por momentos de profundo conhecimento, reflexão e troca de experiências que certamente deixarão marcas duradouras em nossa trajetória profissional e pessoal.

Ao analisarmos o sistema educacional irlandês e compará-lo com nossas práticas em Fortaleza, identificamos pontos de convergência e de diferenciação, destacando a presença marcante de documentação pedagógica nas escolas irlandesas, bem como o foco na promoção do bem-estar emocional e mental dos alunos desde os primeiros anos de vida. Esses aspectos ecoam em nossas próprias diretrizes pedagógicas, evidenciando a importância universal de garantir um ambiente escolar seguro, inclusivo e estimulante.

Participamos ativamente das atividades propostas, como a apresentação de danças típicas e a interação com as crianças em escolas locais. Esses momentos foram oportunidades valiosas para compartilhar nossa cultura brasileira e estabelecer laços de compreensão e respeito mútuo.

Ao refletirmos sobre as práticas observadas em Limerick, reforçamos nosso compromisso em promover a autonomia, a criatividade e o respeito mútuo em nossas salas de aula em Fortaleza. A importância de atender às necessidades básicas dos alunos, conforme delineado na pirâmide de Maslow, ressalta a importância de uma abordagem holística para o desenvolvimento educacional e emocional das crianças.

Nosso objetivo principal ao participar deste programa foi ampliar horizontes, compreender novas abordagens educacionais e contribuir para o aprimoramento constante de nossa prática docente. Ao retornarmos à Fortaleza, trouxemos conosco não apenas memórias inesquecíveis, mas também *insights* valiosos que enriquecem nosso trabalho e beneficiam diretamente nossos alunos. Esta experiência servirá como um ponto de partida para futuras colaborações e aprendizados, fortalecendo os laços entre as comunidades educacionais de Fortaleza e Limerick-Irlanda. Estamos ansiosos para continuar essa jornada de crescimento e desenvolvimento, inspirados pela troca de conhecimentos e pela busca incessante pela excelência na educação.

Vamos adiante, com coragem e determinação, prontos para enfrentar os desafios e celebrar as conquistas que ainda estão por vir. A aventura continua, e estamos honrados por fazer parte dela, que possamos sempre nos lembrar deste momento como o início de uma jornada transformadora em nossas vidas e na vida daqueles a quem temos o privilégio de ensinar. Que venham novas descobertas, novas conexões e novas oportunidades de crescimento. Estamos prontos para o que o futuro nos reserva. Vamos começar nossa aventura, gratos por esta oportunidade e ansiosos pelo que está por vir.

REFERÊNCIAS

BRASIL. Ministério da Educação. Secretaria de Educação Básica. **Diretrizes curriculares nacionais para a educação infantil** / Secretaria de Educação Básica. – Brasília: MEC, SEB, 2010.

CEARÁ. Governo do Estado do Ceará/Secretaria de Educação do Estado do Ceará. **Documento Curricular Referencial do Ceará**: Educação Infantil e Ensino Fundamental. Versão Lançamento Virtual (Provisória). Fortaleza: SEDUC, 2019. Disponível em: Acesso em: 21 nov. 2019.

CHIAVENATO, Idalberto. **Recursos humanos.** O capital humano das organizações. 9. ed. Rio de Janeiro: Elsevier, 2009.

NCCA. National Council for Curriculum and Assessment. **Aistear: the Early Childhood Curriculum Framework**. National Council for Curriculum and Assessment 24 Merrion Square. Dublin, 2009.

PASSOS, Carolina Sertã; VALLE-RIBEIRO, Natália do; BARBOSA, Altemir José Gonçalves. Identificação de talentos: uma análise exploratória do modelo dos três anéis e do modelo das portas giratórias. **Psicol. pesq.**, Juiz de Fora, v. 8, n. 2, p. 170-178, dez. 2014 http://dx.doi.org/10.5327/Z1982-1247201400020006.

RENZULLI, J. S. The three ring conception of giftedness: A developmental model for creative productivity. *In:* STERNBERG, R. J.; DAVIDSON, J. E. (ed.). **Conceptions of giftedness**. New York: Cambridge University Press, 1986. p. 53-92.

ANEXO

CAPÍTULO 2

ABORDAGENS PEDAGÓGICAS EFICAZES BASEADAS EM PESQUISA PARA OTIMIZAR OS RESULTADOS DE APRENDIZAGEM DAS CRIANÇAS

Gilvânia Rocha Rodrigues de Oliveira
Leila Maria Rodrigues Silva
Maria das Graças Barros
Régia Costa farias

[...] o presente mais importante que podemos dar às crianças na escola e na família é o tempo, porque o tempo possibilita ouvir e ser ouvido pelos outros.
(Carlina Rinaldi)

1. INTRODUÇÃO

Este artigo pretende relatar sobre as experiências educacionais vividas na cidade de Limerick e traçar um breve paralelo entre o sistema educacional da Irlanda em comparação com o de Fortaleza. O referido intercâmbio faz parte do "Programa Professores sem Fronteiras", que tem levado professores da rede a diversos países como parte do programa de formação do professor, oportunizando-os conhecer outras realidades educacionais em países mais desenvolvidos.

A imersão consistiu em 15 dias de aulas na Universidade *Mary Immaculate College (MIC)*, e diversas visitas que foram realizadas em escolas públicas da cidade realizadas entre os dias 04 e 15 de dezembro de 2023. Consideramos que tanto os momentos das aulas, debates e palestras com os professores da universidade, bem como as visitas feitas às diversas escolas de diferentes níveis de ensino foram de grande importância para que pudéssemos conhecer mais a fundo como se dá a formação inicial de professores, como funcionam os órgãos responsáveis que estabelecem e normatizam o sistema educacional na Irlanda em suas etapas de ensino. As observações realizadas nos permitiram identificar práticas pedagógicas que já estão consolidadas em nosso município, aquelas que foram aprimoradas ao longo do tempo, e, também, aquelas que podem nos servir de inspiração, respeitando as especificidades culturais e regionais.

Nossa intenção consiste em destacar as experiências educacionais vividas em outro país, bem como semelhanças e diferenças entre esses contextos. Essa experiência nos possibilita refletir sobre como e quais realidades observadas poderão inspirar melhorias em nosso município com foco na importância do brincar, no desenvolvimento infantil e na valorização da escuta ativa das crianças

Importante salientar que não é nosso objetivo aqui fazer qualquer tipo de juízo de valor a nenhuma das estruturas educacionais observadas, pois compreendemos que fatores culturais, históricos, sociais e econômicos são elementos que podem influenciar diretamente na construção de uma sociedade, bem como de sua educação formal.

Antes de abordarmos a experiência vivida, bem como as abordagens consideradas positivas e eficazes, gostaríamos de enfatizar que acreditamos que priorizar a educação e valorizar os profissionais têm grande influência no desenvolvimento e aprendizagem das crianças. E a partir deste entendimento, buscamos inspiração em teorias e práticas de sucesso que vem trazendo bons resultados em diferentes lugares.

Nosso objetivo é ressaltar como as práticas pedagógicas podem impactar positivamente na rotina das escolas, tanto em Fortaleza quanto em Limerick. Além disso, buscamos destacar como essas experiências podem nos levar a uma reflexão crítica sobre nossas práticas e abordagens pedagógicas. Assim, este estudo não apenas visa inspirar os educadores de Fortaleza a se tornarem agentes de mudança em suas escolas e comunidades, mas também a proporcionar-lhes algumas ferramentas e ideias para promover uma educação de qualidade e inclusiva.

Acreditamos que este artigo assume uma importância significativa ao destacar a necessidade de políticas públicas voltadas para a formação e desenvolvimento profissional dos educadores. Ao investir em intercâmbios e programas de capacitação internacional, a Secretaria Municipal de Educação de Fortaleza demonstra seu compromisso com a valorização dos professores e com a busca pela qualidade educacional.

Também é importante realizarmos uma breve reflexão com base nos documentos que orientam nosso fazer pedagógico, como a Base Nacional

Comum Curricular (BRASIL, 2018) e a Proposta Curricular para a Educação Infantil (FORTALEZA, 2017), publicada pela Rede Municipal de Educação de Fortaleza. Observamos que as abordagens de Loris Malaguzzi e Paulo Freire, amplamente referenciadas por profissionais da educação em Limerick, têm servido como pilares teórico-metodológicos para nossas práticas. Essas abordagens dialogam com as tendências pedagógicas que orientam o trabalho da Educação Infantil em nosso município. Como exemplo, podemos citar as menções feitas pelos professores da Universidade *Mary Immaculate College*, que por diversas vezes ressaltaram a importância do brincar no desenvolvimento das crianças, e o quanto é importante ter uma escuta ativa, conhecer suas preferências, seus desejos, sua história de vida e como elas aprendem. Concepções essas defendidas nos documentos oficiais nacionais e municipais que norteiam o trabalho nas instituições de educação infantil do Município de Fortaleza.

2. CONCEPÇÕES PEDAGÓGICAS NA EDUCAÇÃO INFANTIL: UM DIÁLOGO ENTRE FORTALEZA E LIMERICK

Traremos a seguir uma análise comparativa entre as abordagens educacionais observadas em Limerick e em Fortaleza. Para isso, utilizaremos dados coletados durante o intercâmbio, incluindo observações nas escolas, conversas informais com educadores e aulas com a Dra. Lisha O'Sullivan e o Dr. Maurice Harmon da *Universidade Mary Immaculate College*. Além disso, faremos referência a teorias e práticas pedagógicas relevantes, tanto da literatura acadêmica quanto das diretrizes educacionais locais. Por meio dessa análise, visamos promover reflexões que contribuam para o aprimoramento das práticas pedagógicas em nossa realidade.

De acordo com nossa visita à Irlanda e nossos estudos sobre as abordagens pedagógicas relacionadas à aprendizagem lúdica na educação primária entre Fortaleza e Limerick, podemos observar que as concepções defendidas no sistema educacional da Irlanda são muito semelhantes às de Fortaleza, porém, essas discussões sobre a educação e a importância dela já vem sendo abordada nesse país desde 1922, quando a Irlanda passou a compreender o quanto a educação é importante para o desenvolvimento do país e das pessoas que moram nele. Por outro lado, Fortaleza tem experimentado avanços significativos nos últimos anos, com notável valorização da educação, especialmente no que concerne à educação infantil, e intensificação das discussões sobre os temas do brincar e do protagonismo infantil em seus documentos oficiais. Nessa perspectiva, buscaremos lançar algumas reflexões sobre esse tema nos tópicos a seguir.

2.1. Lugar da brincadeira na Educação

A Educação Infantil é um período marcante no processo de formação do ser humano e tem como finalidade o desenvolvimento integral da criança em seus aspectos físicos, psicológicos, intelectuais e sociais, complementando a ação da família e da comunidade.

Todos esses aspectos são abordados no ato de brincar. O brincar tem uma função pedagógica importantíssima. Na brincadeira a criança vive o prazer de agir e também se projeta no mundo. Brincar na prática pedagógica envolve diferentes atividades como: jogos, brincadeiras antigas, musicalidades, atividades motoras, construção de brinquedos, faz de conta, dramatizações e construção com material estruturado.

Durante um dos momentos realizados na Universidade de Limerick, a Dra. Lisha O'Sullivan, em sua palestra sobre o papel do brincar, destacou que, na Irlanda, os educadores da pré-escola estão mais abertos a integrar atividades lúdicas no processo de ensino-aprendizagem do que nos níveis mais avançados. Segundo ela, nos últimos anos, tem sido mais fácil discutir a importância das brincadeiras em sala de aula. Ela apresentou uma visão holística do brincar, abordando seus aspectos físicos, sociais, cognitivos, emocionais e criativos, com ênfase especial no papel emocional após a pandemia da Covid-19.

Na Irlanda, as crianças vivenciam a brincadeira principalmente na pré-escola. No entanto, a Dr.ª Lisha mencionou que a universidade está realizando e ainda realiza pesquisas para compreender como acontecem as transições das crianças para os anos seguintes e como essas atividades lúdicas e concepções podem se conectar nessa próxima etapa, bem como, pesquisas sobre a compreensão dos professores sobre a brincadeira. Durante sua palestra, ela perguntou se a situação também era semelhante no Brasil. A referida doutora relatou que as concepções sobre a importância do brincar no desenvolvimento da criança já é algo consolidado nas escolas primárias de seu país.

A Dr.ª Lisha destacou a importância das brincadeiras que promovem o autocontrole. Em Fortaleza, também há um foco crescente nas questões emocionais, evidenciado pelos cursos oferecidos em parceria com o

Integra – Centro de Desenvolvimento Humano Relacional. Esses cursos visam promover a psicomotricidade relacional e capacitar os profissionais para trabalhar com brincadeiras que envolvem emoções, autocontrole e empatia. Essa formação é direcionada a professores e gestores, com o objetivo de aprimorar a prática do brincar e sua interação com o desenvolvimento das crianças.

Uma compreensão similar entre as duas realidades é a importância dos materiais não estruturados, das brincadeiras simbólicas e das atividades lúdicas baseadas na escolha livre das crianças. Em Fortaleza, uma parte da rotina é dedicada ao brincar livre, tempo permanente na rotina da educação infantil. A Dr.ª Lisha destacou que, nas escolas primárias, há mais liberdade para essas atividades, embora o desafio seja integrá-las às demais etapas do aprendizado. Na educação infantil e nos anos iniciais, esse tipo de trabalho tem sido mais emergente. Mesmo com o clima frio, é possível levar as crianças para fora, permitindo que interajam com o ambiente, como, por exemplo, com o gelo.

Para a criança, a brincadeira é um prazer e uma atividade que permite o exercício de diversos movimentos essenciais para o seu desenvolvimento físico e social. Portanto, a maneira como o ambiente escolar é organizado na Educação Infantil desempenha um papel crucial na vida das crianças. É fundamental que os professores incorporem a brincadeira no contexto escolar, fornecendo estímulos e desafios que levem a criança a refletir e pensar criticamente. Nesse sentido, os documentos da Secretaria Municipal de Educação enfatizam os princípios estabelecidos nos documentos nacionais de educação, que destacam as interações e as brincadeiras como elementos fundamentais das práticas pedagógicas (DCNEI, 2009; BNCC, 2017; DCRC, 2019).

> Considerar as interações e a brincadeira na prática docente pressupõe o reconhecimento de que estas são conhecimentos, para o(a) professor(a) planejar experiências e ambientes que acolham essas manifestações da criança e, ao mesmo tempo, estimule novas possibilidades. (FORTALEZA, 2020, p. 12).

Nosso papel como educadores é garantir efetivamente os direitos de aprendizagem e desenvolvimento da criança. Para alcançar esse objetivo, é imperativo que incorporemos em nossa prática pedagógica a organização curricular dos campos de experiências, unindo tempo, espaço, materiais e interações de forma a proporcionar à criança a oportunidade de explorar, experimentar e elaborar conhecimentos à sua maneira. Assim, ao reconhecermos as interações e a brincadeira como elementos fundamentais da educação infantil, estamos não apenas acolhendo as manifestações naturais da criança, mas também estimulando novas possibilidades de aprendizado e desenvolvimento.

No Brasil, apesar de existir a Lei de Diretrizes e Bases - LDB, que foi implementada em 1996, foi somente com a elaboração das Diretrizes Curriculares Nacionais da Educação Infantil - DCNEI que o espaço do aprender através da brincadeira passou a ter um maior destaque dentro dos documentos oficiais.

Na BNCC (2018, p. 40), a Educação Infantil é o segmento no qual as aprendizagens e o desenvolvimento das crianças têm como eixos estruturantes as interações e a brincadeira, assegurando-lhes os direitos de conviver, brincar, participar, explorar, expressar-se e conhecer-se.

> [...] as aprendizagens essenciais compreendem tanto comportamentos, habilidades e conhecimentos quanto vivências que promovem aprendizagem e desenvolvimento nos diversos campos de experiências, sempre tomando as interações e a brincadeira como eixos estruturantes. Essas aprendizagens, portanto, constituem-se como objetivos de aprendizagem e desenvolvimento. (BNCC, 2018, p. 44).

O objetivo de legitimar e reiterar o espaço da brincadeira na BNCC está em garantir que na primeira infância e nas demais fases da criança, esta possa desempenhar um papel ativo nos ambientes, que as desafiem e as façam se sentirem instigadas a resolver as problemáticas que lhes são lançadas - construindo significado sobre si, os outros, além do mundo social e o natural.

De acordo com as Diretrizes Curriculares Nacionais para a Educação Infantil (DCNEI, 2010, p. 12) a criança deve ser vista como um sujeito histórico e de direitos que, por meio das interações e relações cotidianas, vivencia, constrói sua identidade pessoal e coletiva, o faz por meio da brincadeira, da imaginação, da fantasia, do desejo, da observação, da experimentação e da narração, a sua aprendizagem. Com isso, questiona, elabora e formula sentidos sobre a natureza e a sociedade da qual faz parte e com isso, produz, soma e movimenta a cultura.

Quando partimos para a análise dos documentos municipais, o olhar atento para a criança já se destacava antes inclusive da própria elaboração da BNCC, isso porque, na Proposta Curricular para a Educação Infantil da Rede Municipal de Ensino de Fortaleza de 2016a, já se entendia que as crianças aprendem em situações nas quais desempenham um papel ativo em ambientes desafiadores. Somado aos documentos oficiais que já foram mencionados, em 2020, o intuito do município de Fortaleza é corroborar para uma ampla compreensão e garantia para os direitos de aprendizagem e desenvolvimento da criança. Além da garantia do brincar no ensino regular, temos que nesse mesmo documento, é mencionado a importância do Atendimento Educacional Especializado (AEE).

Em 2017, o documento *Orientações para o Processo de Transição da Criança da Educação Infantil para o Ensino Fundamental*, aponta para os equívocos quando se exclui o brincar no aprendizado da criança que está na transição da pré-escola para os anos iniciais do ensino fundamental. Reflexões também pontuadas na palestra da Dra. Lisha, em Limerick. O documento expressa ainda que mesmo com toda essa defesa para com o direito das crianças de brincar:

> [...] não é raro encontrar no nosso meio profissional a ideia de que a educação infantil é o espaço das interações, das emoções e das brincadeiras e o ensino fundamental é o lugar de aprendizagem e por isso não há tempo para se perder com brincadeiras. Se procurarmos entender tal pensamento a partir da compreensão de que a brincadeira é uma das principais linguagens da criança, pela qual ela constrói seus saberes e fazeres, e que essa mesma criança fará parte do ensino fundamental com essas mesmas características, esta ideia deixa de ganhar sentido no campo educacional. Ao invés de fragmentar a aprendizagem da brincadeira, nós, professores, precisamos integrá-las às ações do ensino fundamental e, principalmente, garantir que elas aconteçam na educação infantil. (FORTALEZA, 2016b, p. 13-4).

É preciso entender que a brincadeira desempenha um papel vital no desenvolvimento integral das crianças, colaborando para a promoção do conhecimento de si e do outro - através de relacionamentos respeitosos e resolução de conflitos para construção da consciência social. (FORTALEZA, 2020, p. 7). Quando analisamos os documentos subsequentes, como o Projeto Ateliê (2020), a Aprendizagem e Desenvolvimento Socioemocional na Educação Infantil (2022), o Programa Intergeracional - Construção de

Valores: interações que marcam crianças e idosos como protagonistas (2023) e o Documento das Salas de Inovação e Tecnologia na Educação Infantil (2023), é possível constatar o avanço, a preocupação e o fortalecimento das políticas voltadas para a primeira infância e para o espaço do brincar.

Ademais, ao compararmos o papel social da brincadeira nos documentos oficiais, temos que a nível nacional, as políticas educacionais irlandesas garantem e colocam em prática um tempo maior do brincar no cotidiano infantil, frente às brasileiras. Isso se deve a fatores como a legislação educacional, a cultura e as políticas públicas que garantem o tempo de brincar e como essa brincadeira deve ser realizada. Todavia, fazendo o recorte para a realidade do município de Fortaleza, no Estado do Ceará, desde 2015, em especial, 2020, as práticas e espaços vêm se moldando para acolher e fortalecer o olhar para a primeira infância.

Uma das grandes diferenças entre a educação brasileira e a educação irlandesa é que, no Brasil, há uma valorização maior dos anos mais avançados e do meio acadêmico, em detrimento do desenvolvimento infantil. Na Irlanda, a abordagem é inversa: já existe uma compreensão consolidada de que a infância e o brincar são prioridades, pois impactam diretamente no desenvolvimento infantil. Crianças que se desenvolvem bem tendem a se tornar jovens e adultos com muitas mais competências para o ensino superior. Além disso, crianças que têm tempo suficiente para brincar enfrentam menos dificuldades para se concentrar e se relacionar com outras pessoas, bem como na resolução de conflitos.

2.2. Voz da criança na educação

Durante nossa jornada educacional na Irlanda, fomos instigados a ser sensíveis à individualidade de cada criança, reconhecendo-as como protagonistas em seu próprio processo de aprendizagem e desenvolvimento. A professora Dra. Lisha O'Sullivan, em sua palestra na *Mary Immaculate College*, destacou a influência da abordagem educacional de Reggio Emilia, inspirada por Loris Malaguzzi, que valoriza a criança como protagonista do processo educativo. Essas teorias, que também são discutidas e vivenciadas em Fortaleza, encontram semelhanças na valorização das particularidades de cada criança e na construção de uma educação centrada na escola, na criança e na família. Em Fortaleza essa imersão nas concepções de Malaguzzi e na educação de Reggio Emilia acontecem desde 2017 com estudos e intercâmbios em instituições de Fortaleza durante o projeto Ateliê[2] que hoje transformou-se em um Programa estruturado, com recursos financeiros alocados para sua implementação e desenvolvimento contínuo. Como destaca Vecchi (2017):

> [...] Em primeiro lugar, ele oferece um local onde as crianças podem tornar-se mestres de todos os tipos de técnicas, tais como pintura, desenho e trabalho com argila – todas as linguagens simbólicas. Em segundo lugar, ele ajuda que os professores compreendam como as crianças inventam veículos autônomos de liberdade expressiva, de liberdade cognitiva, de liberdade simbólica e vias de comunicação. O ateliê tem um efeito importante, provocador sobre ideias didáticas ultrapassadas [...]. (VECCHI, 2017, p. 130).

Essas ideias sobre o papel do ateliê na educação das crianças estão alinhadas com os princípios que discutimos anteriormente, e nos remetem às reflexões que tivemos durante a palestra do professor Dr. Maurice Harmon. Ele nos trouxe várias reflexões e ideias que já conhecemos, mas que são sempre válidas de revisar, como a compreensão sobre a individualidade da criança, a diversidade nas formas de aprendizagem, a importância de respeitar a criança como protagonista de sua aprendizagem e o direito de serem ouvidas. O Dr. Maurice ressaltou a importância de o educador proporcionar um ambiente em que as crianças se sintam confortáveis a se expressarem, trazendo o mundo da criança para sala. Citou alguns exemplos em que podemos observar que práticas sensíveis podem alcançar todas as crianças.

Um deles foi, a dinâmica envolvendo a partilha de percepções sobre as crianças, "caixa da identidade" uma caixa para cada criança convidando a trazer por fora (da caixa) - o que as pessoas sabem sobre você? - e dentro dela - o que você acha que as pessoas não sabem sobre você? – Essa brincadeira ressaltou a importância de conhecer e reconhecer o outro como ser único, compartilhando o senso de identidade com os outros. Essa abordagem só é possível a partir da escuta ativa das crianças, concepção

---

[2] O programa faz parte das ações de qualidade e expansão no atendimento às crianças da Educação Infantil, em creches e pré-escolas. O Programa Ateliê na Educação Infantil faz parte do Fortaleza 2040, que é um planejamento participativo, com o objetivo de implementar ações para que a cidade se torne um lugar mais acolhedor, acessível e igual para todos. A iniciativa tem o intuito de potencializar as múltiplas linguagens infantis, legitimar a concepção de criança como protagonista em seu potencial criador e garantir os direitos de aprendizagem (expressar, participar, explorar, brincar, conhecer-se e conviver) previstos na Proposta Curricular para a Educação Infantil da Rede Municipal de Ensino de Fortaleza e estabelecidos pela Base Nacional Comum Curricular (BNCC). Disponível em: https://intranet.sme.fortaleza.ce.gov.br/index.php?option=com_content&view=article&id=6733:sme-disponibiliza-livro-sobre-o-programa-ateli%C3%AA-da-educa%C3%A7%C3%A3o-infantil-da-rede-municipal-de-fortaleza&catid=79&Itemid=509. Acesso em: 31 de agosto de 2024.

enraizada nos princípios de Reggio Emilia, destaca a aprendizagem colaborativa e a valorização das relações interpessoais como fundamentais para o desenvolvimento integral das crianças:

> [...] aprender a escutar requer, antes de tudo, saber silenciar. A aprendizagem da escuta é um processo que inicia pela decisão pessoal, mas precisa ser regado por experiências formativas distintas. Esse é um tipo de conhecimento praxiológico que não se forja apenas nos livros. Aprender a escutar requer viver a escuta. (FORTALEZA/DCRFor, 2024, p. 23).

Refletindo sobre a palestra do Dr. Maurice Harmon, fomos lembrados de que mais do que ouvir o que as crianças estão dizendo, é ouvir o que as crianças não estão dizendo e brincadeiras como essa citada acima ou o uso de ferramentas como a fotografia, nos ajuda a compreender esse processo. As crianças aprendem de maneiras diversas e não são tabulas rasas, mas sim agentes ativos de seu próprio conhecimento. Essa concepção, alinhada com nossa proposta pedagógica em Fortaleza, destaca a importância de reconhecer e valorizar a voz e a autonomia das crianças em seu processo de aprendizagem. É positivo ver a confirmação dessas ideias na prática em Fortaleza e na Irlanda.

Durante nossa imersão na palestra e apresentação da Convenção das Nações Unidas sobre os Direitos da Criança *(United Nations Convention on the rights of the child)* pelo professor Dr. Harmon, pudemos constatar o reconhecimento da responsabilidade primária da família na educação, bem como o direito das crianças a serem ouvidas e respeitadas em todas as questões que as afetam. Esse compromisso com a escuta ativa e a consideração das necessidades emocionais das crianças tem influência direta em suas experiências educacionais e no desenvolvimento de um currículo que as atenda integralmente. Em alinhamento com essas práticas, a Proposta Curricular do Município de Fortaleza também enfatiza a importância de um currículo baseado na escuta ativa das crianças. Segundo o documento:

> [...] deve ser instaurada uma compreensão de currículo sustentada na escuta ativa das crianças, no bem-estar de todos, no acolhimento das crianças e suas famílias, com uma abordagem amparada pelos princípios da diversidade, autonomia, participação e globalidade. (FORTALEZA, 2020, p. 11).

Essa abordagem curricular é refletida nas práticas observadas durante nossa visita às escolas na Irlanda. Notamos que em Limerick a identidade das crianças estava evidente em cada espaço do ambiente escolar, desde os corredores até as salas de referência. As instituições em Limerick compreendem e valorizam a documentação pedagógica e, além disso, os educadores veem as crianças como seres únicos, potentes e protagonistas.

> A documentação não revela unicamente a aprendizagem da criança; ela revela também a aprendizagem da criança em um contexto pedagógico específico, no âmbito de uma pedagogia específica, o que significa que revela também o ensino. A documentação pedagógica situa-se no âmago dos processos de ensino e aprendizagem, implicando a necessidade de uma compreensão clara dos objetivos educacionais, do conteúdo curricular e da pedagogia. (MALAGUZZI, 1998; RINALDI, 2012 *apud* OLIVEIRA-FORMOSINHO, 2019, p. 116).

A importância dada à expressão das emoções e à valorização da voz das crianças foi evidente em todas as instituições visitadas, inspirando-nos a refletir sobre nossas práticas e a buscar uma educação mais inclusiva e sensível às necessidades individuais de nossos alunos.

Por exemplo, uma das escolas que visitamos atende 132 crianças de 30 nacionalidades diferentes, mostrando uma abordagem verdadeiramente inclusiva. A escola, que recebe crianças o ano inteiro, conta com duas professoras especializadas em inglês para facilitar a rápida aquisição da língua pelos alunos. O atendimento desta é para crianças de 4 a 8 anos, com o horário escolar começando às 9h e terminando às 14h, e o horário do primário se estendendo até às 14h40. As escolas na Irlanda são predominantemente católicas (95%) e são financiadas pelo Ministério da Educação para crianças a partir dos 4 anos, com algumas instituições atendendo crianças menores, de forma limitada. O ano letivo vai de setembro a junho, com 182 dias letivos e dois meses de férias.

Assim como nossos colegas na Irlanda, estamos comprometidos em seguir nesta jornada educacional, reconhecendo a importância de desconstruir práticas obsoletas e construir uma educação que respeite a individualidade de cada criança e promova relações significativas e inclusivas.

3. CONSIDERAÇÕES FINAIS

Podemos concluir que, a partir das observações feitas neste intercâmbio, e traçando um breve comparativo, a prefeitura de Fortaleza tem realizado um trabalho coerente na busca por melhorias significativas no sistema educacional da cidade. Observando os dois sistemas educacionais, percebe-se que Fortaleza possui um sistema educacional bem organizado e práticas fundamentadas em tendências pedagógicas e estudiosos que inspiram práticas em outros países. As ações implementadas, como o investimento em infraestrutura escolar, formação de professores e uso de tecnologias educacionais, refletem um compromisso com a qualidade da educação. Fortaleza tem apresentado evolução e demonstrado que é possível transformar a educação pública através de planejamento estratégico e políticas inovadoras.

Além disso, destaca-se a atenção dada à educação infantil, tanto em Fortaleza quanto em Limerick, onde o investimento nos primeiros anos é visto como essencial para o desenvolvimento integral das crianças. Em Limerick, a educação infantil é pautada por um forte compromisso com metodologias centradas na criança, com ambientes de aprendizagem acolhedores e professores capacitados para estimular o desenvolvimento emocional, social e cognitivo. Fortaleza tem buscado adaptar essas boas práticas, ampliando o acesso a creches e pré-escolas, investindo na formação continuada dos profissionais e criando espaços educativos que incentivam o aprendizado lúdico e significativo. Essa troca de experiências tem evidenciado que, apesar das diferenças contextuais, ambas as cidades compartilham a visão de que a educação infantil é a base para uma trajetória educacional de sucesso, reforçando o compromisso de Fortaleza com a evolução de suas políticas públicas em prol das crianças.

Por fim, gostaríamos de expressar nossa mais sincera gratidão a todos os envolvidos em nossa experiência de intercâmbio educacional na Irlanda, especialmente na encantadora cidade de Limerick. Ao longo dessas duas semanas de imersão na cultura educacional irlandesa, fomos acolhidos de maneira calorosa e generosa, o que nos deixou profundamente emocionados.

Agradecemos imensamente pela recepção de nossos colegas professores irlandeses, cuja dedicação pela educação foram verdadeiramente inspiradoras. Suas perspectivas, práticas e abordagens inovadoras nos proporcionaram valiosas reflexões e *insights*, enriquecendo nossa jornada profissional e pessoal.

Essa experiência nos deixou com um profundo sentimento de gratidão pela hospitalidade e generosidade do povo irlandês, e pela oportunidade de aprendizado e crescimento que nos foi concedida. Estamos agora mais convencidos do que nunca de que podemos fazer muito mais pela educação das crianças em Fortaleza. Comprometemo-nos a integrar as boas práticas observadas e os *insights* adquiridos para enriquecer nossa abordagem educacional e promover uma educação mais inclusiva e centrada na criança. Que seja apenas o começo de uma jornada contínua de colaboração e enriquecimento mútuo entre nossas comunidades educacionais.

Gostaríamos também de expressar nossa profunda gratidão à Prefeitura de Fortaleza e à Secretaria Municipal de Educação (SME) por terem proporcionado a oportunidade incrível de participarmos deste intercâmbio educacional na Irlanda. Ao viabilizarem nossa participação neste intercâmbio, a Prefeitura de Fortaleza e a SME demonstraram um compromisso genuíno com a excelência educacional e o fortalecimento da comunidade escolar. O investimento em experiências internacionais como esta não apenas enriquece nossos conhecimentos e habilidades, mas também nos inspira a elevar os padrões da educação em nossa cidade.

Que este gesto de apoio e investimento na formação profissional dos educadores sirva de exemplo inspirador para outras iniciativas semelhantes. Mais uma vez, agradecemos sinceramente à Prefeitura de Fortaleza e à SME por esta oportunidade valiosa e transformadora.

REFERÊNCIAS

BRASIL. Ministério da Educação. **Base Nacional Comum Curricular.** Brasília, DF: MEC/SEB, 2018.

BRASIL. Ministério da Educação. Secretaria de Educação Básica. **Diretrizes curriculares nacionais para a educação infantil.** Brasília: MEC, SEB, 2010.

FORTALEZA. A Cotidianidade na educação infantil. *In:* **Documento Curricular Referencial de Fortaleza**: incluir, educar e transformar (DCRFor). Secretaria Municipal de Educação. Rio de Janeiro: Fundação Getúlio Vargas, 2024. v. 2.

FORTALEZA. **Proposta Curricular para a Educação Infantil da Rede Municipal de Ensino de Fortaleza.** Fortaleza: Secretaria Municipal de Educação de Fortaleza/SME, 2020.

FORTALEZA. Secretaria Municipal da Educação. **Aprendizagem e Desenvolvimento socioemocional na Educação Infantil da Rede Municipal de Fortaleza.** Fortaleza: Prefeitura Municipal de Fortaleza, 2020.

FORTALEZA. Secretaria Municipal da Educação. **Documento das Salas de Inovação e Tecnologia Educação Infantil.** Fortaleza: Prefeitura Municipal de Fortaleza, 2023b.

FORTALEZA. Secretaria Municipal da Educação. **Orientações para o processo de transição da criança da Educação Infantil para o ensino fundamental.** Fortaleza: Prefeitura Municipal de Fortaleza, 2016b.

FORTALEZA. Secretaria Municipal da Educação. **Programa Intergeracional** - Construção de Valores: interações que marcam crianças e idosos como protagonistas. Fortaleza: Prefeitura Municipal de Fortaleza, 2023a.

FORTALEZA. Secretaria Municipal da Educação. **Projeto ateliê:** Uma tessitura protagonizada pela triangulação família, escola e criança. Fortaleza: Prefeitura Municipal de Fortaleza, 2020a.

OLIVEIRA-FORMOSINHO, Júlia. PASCAL, Christine. Documentação Pedagógica e avaliação na educação infantil: um caminho para a transformação. *In:* OLIVEIRA--FORMOSINHO, Júlia. **A documentação pedagógica:** revelando a aprendizagem solidária. Tradução de: Alexandre Salvaterra; revisão técnica: Júlia Oliveira-Formosinho, Mônica Appezzato Pinazza, Paulo Fochi – Porto Alegre: Penso, 2019.

RINALDI, Carlina. A pedagogia da escuta: a perspectiva da escuta em Reggio Emilia. *In:* EDWARDS, Carolyn; GANDINI, Lella; FORMAN, George. **As cem linguagens das crianças**: A experiência de Reggio Emilia em transformação. Porto Alegre: Penso, 2016.

VECCHI, Vea. **Arte e Criantividade em Reggio Emilía:** explorando o papel e a potencialidade do ateliê na educação da primeira infância. Tradução Thais Helena Bonini; revisão técnica Taís Romero Gonçalves. 1. ed. – São Paulo: Phorte, 2017.

ANEXO

CAPÍTULO 3

GARANTINDO O BEM-ESTAR EMOCIONAL E MENTAL DOS ALUNOS NAS ESCOLAS

Ana Stela Pereira dos Santos
Paulo Gabriel Lima da Rocha
Sônia Elane Araújo

Pensamos demasiadamente e sentimos muito pouco. Necessitamos mais de humildade que de máquinas. Mais de bondade e ternura que de inteligência. Sem isso, a vida se tornará violenta e tudo se perderá.
(Charles Chaplin)

1. INTRODUÇÃO

O presente texto surgiu de uma experiência educacional dos professores da rede municipal de ensino de Fortaleza em terras Irlandesas. O programa Professores sem Fronteiras nos proporcionou uma imersão cultural e educacional ímpar num país que é referência no mundo todo quando se trata de ensino.

Na oportunidade, visitamos escolas e instituições de ensino que realizam trabalhos primorosos para analisarmos ideias educacionais possíveis de adaptação para a nossa realidade em Fortaleza – CE. O nosso foco com esse capítulo é dedicarmos um olhar para o tema do bem-estar emocional e mental dos alunos na escola, principalmente relacionado à educação infantil e ensino fundamental.

Dessa forma, os nossos objetivos são: Analisar os aspectos pedagógicos das escolas irlandesas na perspectiva do bem-estar emocional e mental dos alunos e descrever as metodologias que podem ser implementadas na educação de Fortaleza com base no que foi observado no intercâmbio.

Nosso interesse emerge da nossa própria experiência de ensino nas escolas de Fortaleza com demandas diversas na área da saúde e do bem-estar dos alunos e também dos encontros com palestras e aulas na *Mary*

Immaculate College (MIC). Na ocasião, fomos levados a refletir sobre os aspectos de saúde-mental dos estudantes e de estratégias de intervenção eficazes nos espaços escolares. Nosso interesse foi aguçado pelas ideias debatidas e pelas experiências exitosas observadas nas escolas Irlandesas.

Foi interessante observar como existem singularidades, semelhanças e oportunidades nas duas formas de se fazer educação – brasileira e irlandesa – com o foco nos aspectos da inteligência emocional. Todas as nossas observações, anotações e experiências podem ser observadas neste capítulo como caminho de abertura para a tomada de decisões educacionais e efetivação de projetos nos campos do bem-estar emocional e mental dos nossos alunos.

Esse tema tem surgido com maior preponderância nos últimos anos em decorrência dos grandes casos de ansiedade e depressão observados em crianças e adolescentes estudantes da educação básica. A maior parte desses estudantes dedica uma parte significativa de sua vida ao ambiente escolar, transformando esse local em um espaço de extrema importância para o desenvolvimento integral dos estudantes.

Da mesma forma, o papel do educador em relação à vida dessas crianças é crucial. O professor desempenha um papel essencial na identificação de sintomas em seus alunos. A observação é a chave para perceber indícios de comportamento inadequado, como dificuldade de concentração, agressividade ou apatia, que podem ser erroneamente interpretados como falta de interesse ou desdém por parte dos alunos (SOUZA; RODRIGUES, 2020). É nesse sentido que se justifica, pedagógica e cientificamente, estudos que abordem esses temas a fim de minimizar as problemáticas advindas das questões emocionais e mentais dos alunos.

Para Paes e Paixão (2016), educação e saúde estão sempre aliadas à produção e aplicação de conhecimentos voltados para o desenvolvimento humano. É importante desenvolver temas destinados à promoção da saúde na escola, garantindo assim a formação completa dos alunos. Assim, a escola se configura como um espaço crucial para o desenvolvimento do conhecimento coletivo e a integração com a comunidade, abrigando uma parcela significativa da população interessada em aprender e representando um potencial disseminador de informações, tornando-se um ambiente propício para o desenvolvimento da saúde de forma integral.

Contudo, é imperativo contar com educadores que possuam uma visão inovadora, pois é essencial que o conhecimento seja acessível a todos. Nessa função facilitadora, o educador deve fornecer elementos que permitam aos alunos e à comunidade a apropriação do conhecimento científico acerca da saúde integral, identificando e compreendendo os fatores de risco determinantes no processo saúde-doença.

A presença de uma abordagem educacional diferenciada torna-se essencial para que a informação seja disseminada de maneira eficaz, contribuindo para uma conscientização mais ampla sobre a importância da saúde e do bem-estar. É nesse sentido que nossa experiência pode contribuir para possíveis projetos e ações educacionais para atingir os anseios de profissionais da educação que diariamente enfrentam os problemas relacionados ao bem-estar de seus alunos no ambiente escolar.

2. PERCURSO DE INVESTIGAÇÃO

Diante do apresentado na introdução, este capítulo apresenta-se como um relato de experiência pautado nas análises de professores de Fortaleza acerca do que foi observado na rede de ensino de uma das principais cidades da Irlanda: Limerick. A Irlanda vem sendo um destaque educacional nos últimos anos no PISA (Programa Internacional de Avaliação de Estudantes) e, por isso, surge como importante local de estudos e pesquisas educacionais.

O contato com a realidade educacional irlandesa se deu por meio de duas vertentes: seminários com professores universitários responsáveis pela formação de novos professores e com professores brasileiros que já atuavam naquele país há algum tempo; e ainda, visitação de três instituições escolares e uma outra instituição de apoio educacional, onde foram dadas oportunidades para conhecer os ambientes e questionar mais acerca de suas rotinas.

Os apontamentos aconteceram durante as duas primeiras semanas de dezembro de 2023 e tiveram como instrumentos de coleta de dados: registros imagéticos das escolas visitadas e anotações de trechos de falas de destaque durante seminários, diálogos com gestores escolares e professores que atuavam na Irlanda.

A análise desses dados baseia-se nos princípios da sequência metodológica de Minayo (2007) para a análise temática de conteúdo. Os dados coletados acerca do bem-estar emocional e mental dos alunos foram ordenados, classificados e analisados. Obras que versam sobre a análise de conteúdo costumam apresentar três etapas de análise temática de conteúdo: a pré-análise; a exploração de material; e o tratamento dos resultados/inferência/interpretação.

Na *pré-análise* ocorre a organização e leitura compreensiva, buscando: ter uma visão ampliada do conjunto; aproximar-se das particularidades dos dados; elaborar pressupostos que poderão ser utilizados nos futuros momentos de análise e interpretação; escolher formas de classificação; e, por fim, determinar conceitos teóricos que podem orientar a análise ao relacionar-se com os objetivos da pesquisa (MINAYO, 2007).

Na fase de *exploração do material* recomenda-se a produção de "uma redação por tema, de modo a dar conta dos sentidos dos textos e de sua articulação com o(s) conceito(s) teórico(s) que orientam a análise" (MINAYO, 2007, p. 92). E, já na *fase final* da análise, há o tratamento dos resultados, produção de síntese com inferência e interpretações que devem dialogar com os objetivos, questões, pressupostos e referenciais teóricos pertinentes ao tema da pesquisa (BARDIN, 1977).

Após o entendimento destes aspectos metodológicos, seguimos com o tópico a seguir, discutindo a temática do bem-estar nos níveis da Educação Infantil e no Ensino Fundamental.

3. BEM-ESTAR EMOCIONAL NA PERSPECTIVA DA EDUCAÇÃO INFANTIL

A educação infantil do município de Fortaleza, além de seguir as Diretrizes Curriculares Nacionais - DECNEI, possui também seus próprios documentos referenciais que norteiam a prática pedagógica dentro das escolas. Isso faz com que o professor se sinta pertencente, participante e coparticipante no contexto no qual está inserido, tendo em vista que seu papel é também de protagonista nas instituições. Segundo os documentos, são as interações e a brincadeira que devem estruturar e sustentar o currículo de uma escola da infância, logo, são dessas práticas que derivam os "conteúdos", bem como Edgar Morin descreve "sendo simplesmente complexo" esse universo de conhecimento (MORIN, 2018).

Compreendemos a escola como espaço relacional e não somente local de transmissão de tarefas. É uma área que dialoga com concepção de educação e a forma como os professores organizam esse espaço, reflete a imagem que ele tem sobre o ser criança. Entendemos que uma escola é ativa, imersiva, habitável e testemunhada. Um lugar de investigação, aprendizagem, reflexão em que se encontram bem as crianças, os professores e as famílias.

Quando se trata de bem-estar, leva-se em consideração que todos que fazem parte deste contexto evitam propor atividades mecânicas para trabalhar o sensível. Isso funciona quase como um projeto de empatia, descobrir coisas novas e permitir que as crianças também descubram seus processos criativos, possibilite sua investigação, possam escolher seus pares nas brincadeiras, nos jogos coletivos e até mesmo em sua solitude.

É válido ressaltar o modelo de educador que conhecemos durante o período do intercâmbio na Irlanda. Neste país, o desenvolvimento profissional é um processo contínuo de melhorias das práticas docentes, incluindo processos formais e não formais, com a preocupação de promover mudanças educativas em benefícios de todos que fazem parte do dia a dia da escola. A preocupação com o bem-estar dentro das instituições, engloba aspectos sociais, emocionais, físicos e cognitivos. Na pré-escola (infantil IV e V), as crianças chegam com suas próprias necessidades e é através da brincadeira que elas conseguem acessar as informações adequadas para sua faixa etária.

Cuidar do bem-estar das crianças ajuda também no bem-estar das famílias e isso não acontece "no vazio". Acontece dentro de um ambiente significativo, porque esse cotidiano é sempre renovado, seja por adultos, por funcionários que trabalham no local, ou pela multiplicidade cultural, tendo em vista que as escolas irlandesas de educação infantil recebem crianças de outras nacionalidades.

O termo "infâncias" (assim mesmo no plural), é compreendido em sua plenitude, pois cada criança vive um tipo de infância. Uma criança da Irlanda, é diferente da criança do Brasil. Portanto o protagonismo do professor não pode sufocar, diminuir ou reduzir o protagonismo de uma criança. Para isso, é necessária uma imagem muito forte de infância. Na Rede Municipal de Ensino de Fortaleza, busca-se uma escola que valorize os processos de investigação dos meninos e meninas, desde o momento que entram no berçário, até o ingresso para o Ensino Fundamental.

Nesse sentido, Galardini (2017) observa que o cotidiano representa a realidade das crianças. É em sua vida diária, em seus ritmos habituais e familiares, onde encontra os fundamentos das regras e dos significados compartilhados. É ali também que as crianças conseguem se sentir responsáveis e ter segurança.

Alguns aspectos importantes observados em torno do bem-estar na escola é a parceria com as famílias e os acolhimentos das mesmas durante o ano letivo. As famílias são convocadas a participarem de reuniões, festividades, diálogos e não somente para encontros normativos e entregas dos relatórios semestrais.

No que diz respeito à promoção do bem-estar dos professores de educação infantil do nosso município, o grupo conta com a proposta de psicomotricidade relacional, no Íntegra - Centro de Desenvolvimento Humano Relacional, e com a equipe de mediação de conflitos que podem ser solicitadas caso alguma instituição necessite de apoio na área das relações interpessoais.

Podemos perceber que os aspectos socioafetivos são parte importante que permeia não somente na vida dos adultos, mas também entre as crianças e seus familiares, pois a escola é parte de um todo que juntos se complementam.

3.1. Bem-Estar Emocional na perspectiva do Ensino Fundamental

As escolas públicas de Fortaleza vêm adotando a Base Nacional Comum Curricular - BNCC (BRASIL, 2018) e o Documento Curricular Referencial do estado do Ceará - DCRC (CEARÁ, 2019) como alguns de seus principais norteadores curriculares. Nesse sentido, o que antes era pautado em conteúdos conceituais, atitudinais e experimentais apresentados nos Parâmetros Curriculares Nacionais (BRASIL, 1997; BRASIL, 1998) foi transfigurado em competências e habilidades a serem desenvolvidas ao longo do Ensino Fundamental.

No sentido de fortalecer mais ainda esse entendimento, competências socioemocionais são apresentadas nos Planos Políticos e Pedagógicos de algumas escolas municipais como elementos importantes para o desenvolvimento integral dos alunos, pois impactam diretamente numa melhor aprendizagem escolar bem como na "formação de pessoas mais autônomas, solidárias e capazes de fazer escolhas alinhadas com seus projetos de futuro" (COELI, 2020, p. 26).

Estas competências socioemocionais são apresentadas como capacidades individuais que se apresentam em modos de pensar, sentir e agir consigo mesmo e com outros, além do ato de estabelecer objetivos, tomar decisões e enfrentar situações novas ou adversas, podendo ser observadas em nossos padrões de ação e reação frente a estímulos pessoais e sociais (INSTITUTO AYRTON SENNA, 2022).

A Rede Municipal de Ensino de Fortaleza, parceira do Instituto Ayrton Senna que realiza estudos sobre a temática, indica que algumas competências sejam mais estimuladas no ambiente escolar. São elas: autogestão, engajamento com os outros, amabilidade, resiliência emocional e abertura ao novo. Estas cinco macrocompetências ainda se desdobram em outras dezessete: determinação, organização, foco, persistência, responsabilidade, iniciativa social, assertividade, entusiasmo, empatia, respeito, confiança, tolerância ao estresse, autoconfiança, tolerância à frustração, curiosidade para aprender, imaginação criativa e interesse artístico. À medida que elas são estimuladas, amplia-se a vontade de estudar, o sentimento de pertencimento à escola, o combate ao bullying e a promoção do bem-estar e da saúde mental (INSTITUTO AYRTON SENNA, 2022).

Convém explicitar que "competência" é um termo polissêmico, apropriado por diferentes campos, e que acabou sendo configurado com diferentes concepções umas das outras. Uma das mais fortes destas concepções relaciona-se ao conjunto de capacidades requeridas pelo mercado de trabalho. Porém, Fernandes (2020) acredita que, quando o termo foi empregado na BNCC, além de buscar preparar os alunos para o mundo do trabalho, ele indica que estes devam saber também lidar melhor com demandas complexas da vida cotidiana e do exercício da cidadania por meio da mobilização de conhecimentos, habilidades, atitudes e valores (BRASIL, 2018). Quando o currículo escolar era baseado em objetivos, o foco era o conteúdo. Agora, baseado em competências, o conteúdo mostra-se como meio para uma formação mais ampla focada no sujeito.

Acreditando nesta perspectiva e sem renunciar às críticas feitas por Neira (2018) e Betti (2018) à BNCC e por Martins, Ferreira Júnior e Moura (2022) ao DCRC, em pesquisa descritiva-exploratória realizada em Fortaleza, Santos (2023) aplica estratégias de ensino voltadas para o desenvolvimento de competências socioemocionais em aulas de Educação Física junto à temática das Ginásticas de Conscientização Corporal. Ao longo de onze encontros, por meio de relatos de alunos dos anos finais do Ensino Fundamental, a professora-pesquisadora observa e ratifica a importância de dinâmicas de aulas que favoreçam o desenvolvimento da autogestão, do engajamento com os outros, da amabilidade, da resiliência emocional e da abertura ao novo, especialmente, após período de isolamento social gerado pela pandemia de Covid-19.

Uma outra pandemia silenciosa de ansiedade e de depressão foi intensificada pelos anos de isolamento causado pela pandemia do coronavírus de 2019. Não à toa, já em 2017, a Organização Mundial de Saúde (OMS) fez um ano de combate ao suicídio justamente chamando a atenção de como isso estava alarmante. Considerada há alguns anos como problemas de adultos, cada vez mais adolescentes estão aparecendo na faixa etária acometida. Por isso, temos que pensar em atividades que os adolescentes possam desenvolver habilidades sociais na tentativa de mudar esse quadro (SILVA, 2022).

A adolescência é uma fase fundamental de convívio intenso com grupos de preparo para a vida adulta. A geração atual mostra-se mais frágil, porque tem a superproteção da família que a expõe menos a frustrações, assim, qualquer situação não poderia ser motivo para automutilação ou pensamento suicida (SILVA, 2022).

Vale destacar que desde 2013, a Célula de Mediação Social e Cultura de Paz, braço da a Secretaria de Educação (SME) de Fortaleza atua como articuladora de programas e projetos que tratem do bem-estar emocional da comunidade escolar (FORTALEZA, 2023c). Em 2019, a SME Fortaleza, preocupada com esse cenário, propõe o desenvolvimento de atividades em prol de um ambiente escolar mais emocionalmente saudável. A Semana da Saúde Emocional na Escola é um exemplo de uma destas iniciativas. Ela partiu da política de valorização profissional e aprimoramento da promoção do bom clima escolar e bem-estar docente (FORTALEZA, 2020).

Diante da relevância da temática da saúde emocional, em 2022, a ação foi inserida oficialmente no calendário letivo da Rede Municipal de Educação, tendo como orientação a realização de atividades relacionadas na última semana de cada mês, sendo mediadas pelas próprias unidades escolares (FORTALEZA, 2023a). Em 2023, como suporte a esses momentos na escola, a equipe de Psicologia Escolar da SME disponibilizou um material chamado "Orientações para a semana da saúde emocional na escola". Nele podemos encontrar propostas de ações voltadas para o grupo gestor, professores, funcionários, famílias e alunos da Educação Infantil até o Ensino de Jovens e Adultos (FORTALEZA, 2023b).

O Serviço de Psicologia Escolar também atua com acolhimentos individuais, intervenções coletivas, orientações para todos os membros que compõem a escola e palestras. Para ter acesso ao Serviço de Psicologia Escolar, os gestores das escolas solicitam a visita de um profissional de psicologia escolar na unidade, por meio de formulário. Em 2022, 11.395 pessoas, dentre alunos e familiares, professores, supervisores, orientadores, coordenadores e diretores escolares, receberam suporte psicológico. O serviço já foi inclusive reconhecido por alunos da rede municipal:

> Acho o Serviço de Psicologia uma iniciativa muito precisa, porque eles atuam como uma rede de ajuda para conversar e tratar problemas emocionais que ocorrem nas escolas. Na minha escola, estava tendo muita demanda de alunos com crises de ansiedade e, pelo que eu vi, todos foram ajudados e não ficaram desamparados (FORTALEZA, 2023c).

O Plantão Psicológico Docente, serviço de atendimento e suporte emocional aos docentes, realizado em parceria com o curso de Psicologia da Universidade de Fortaleza (UNIFOR), oferece orientação psicológica voltada para o corpo docente. As questões tratadas neste espaço podem envolver desde distúrbios emocionais, como estresse e esgotamento emocional, até aspectos associados ao crescimento pessoal e profissional. Para ter acesso ao serviço, os educadores preenchem um formulário on-line no site da SME e aguardam o retorno por telefone ou *WhatsApp*, com a confirmação da data e do horário dos encontros presenciais no prédio da Academia do Professor Darcy Ribeiro. Cada professor pode fazer até quatro sessões com duração de 50 minutos (FORTALEZA, 2023c).

A Academia do Professor integra a política de formação e valorização dos profissionais da Educação de Fortaleza, sendo um equipamento que oferece ainda o Programa de Promoção da Saúde Integral do Profissional da Educação de Fortaleza (PROSIPE), realizado em parceria com outras instituições. Além disso, dispõe de um conjunto de serviços de formação e qualificação, bem como de assistência à saúde mental dos profissionais, com duas outras iniciativas neste sentido: Grupo de Apoio à Saúde Mental dos Professores (GASP) e programa de Psicomotricidade Relacional. (FORTALEZA, 2023c).

Ainda no sentido de promover uma cultura de paz e fortalecer habilidades socioemocionais, o Programa de Promoção da Cultura de Paz no ambiente escolar (PROPAZ) foi implementado também em 2022. Este programa é estruturado em cinco ações: Projeto Escola Mediadora que Promove a Paz (EMPAZ); EducEmpaz; Escola Vive Empaz; Família Vive

Empaz e Embaixadores da Paz. Mais informações sobre esses programas podem ser obtidas por meio de contato com a Célula de Mediação Social e Cultura de Paz da SME Fortaleza (FORTALEZA, 2023c).

Voltando o nosso olhar para aquilo que foi conversado na Irlanda no que compete à saúde emocional, compartilhamos trechos de falas de professores da Universidade *Mary Immaculate de Limerick*, na Irlanda, durante nosso intercâmbio pedagógico.

A professora Lisha O'Sullivan, apresentando sobre a pedagogia reflexiva na infância, considera importante desenvolver aspectos criativos, emocionais, físicos, sociais e cognitivos por meio do brincar, especialmente, após período de isolamento social consequente da pandemia de Covid-19. Para tal, ela sugere, baseada em Zosh *et al.* (2018), que as atividades desenvolvidas na escola devam: ser significativas, tendo alguma relação com o cotidiano dos jovens; deixar explícito que não precisam ter medo de errar, sendo isto parte do processo normal do ensino-aprendizagem; e instigar a resolução de problemas, a fim de instigar o protagonismo discente. A professora trouxe ainda que pesquisas sugerem que jogos baseados em construções de brincadeiras e narrativas podem vir a fechar lacunas entre altas e baixas performances de aprendizagem (PINO-PASTERNAK *et al.*, 2014; WHITEBREAD; JAMESON; BASILIO, 2015; PARKER; STJERNETHOMSE; BERRY, 2022).

O ensino da dança e da música foram apresentados pela professora Orfhlaith Ni Bhriaim como elementos trazem sentimentos e emoções positivas e autoestima, ao passo que estimulam a criatividade, a imaginação, o bom relacionamento com os outros e a expressão das ideias, bem como o desenvolvimento das habilidades corporais. A professora ainda sugere que devemos começar com algo que os alunos já sabem e adicionar algo novo aos poucos.

O professor Maurice Harmon, na palestra "voz do aluno da educação", ratifica a importância de haver espaços que desenvolvam aspectos emocionais na escola. A proposição de trabalhos envolvendo postagens digitais, gamificação, realização de desenhos, fotos e vídeos temáticos somados à existência de grupos de entrevistas são outras possibilidades de ferramentas que podem alavancar o sentido de propósito e engajamento dos alunos junto ao desenvolvimento de uma maior reflexão crítica do mundo em diálogo com seus pares.

Uma outra estratégia chamada *Ranking* pode ser utilizada pelos professores quando estes dão a oportunidade de seus alunos "ranquearem", definirem como mais ou menos prioritários, certos conteúdos contidos no currículo. Assim, eles vão estudando com mais empenho os temas por eles escolhidos ao longo do ano letivo. Os combinados/tratos/contratos feitos entre alunos e professores também são apresentados como elementos que harmonizam o clima nas salas de aula.

O professor Maurice Harmon também nos apresentou o *Lundy model of child participation*, o modelo de trabalho desenvolvido por Lundy (2009) que foi destacado e aprovado pelo Departamento Irlandês de Assuntos da Criança e da Juventude na sua recente Estratégia Nacional sobre a Participação de Crianças e Jovens na Tomada de Decisões (2015 – 2020). O trabalho dela fundamenta-se no artigo 12 da Convenção das Nações Unidas sobre os Direitos da Criança quanto ao direito da criança à participação (UNICEF, 1990):

> Artigo 12. 1) Os Estados Partes devem assegurar à criança que é capaz de formular seus próprios pontos de vista o direito de expressar suas opiniões livremente sobre todos os assuntos relacionados a ela, e tais opiniões devem ser consideradas, em função da idade e da maturidade da criança. 2) Para tanto, a criança deve ter a oportunidade de ser ouvida em todos os processos judiciais ou administrativos que a afetem, seja diretamente, seja por intermédio de um representante ou de um órgão apropriado, em conformidade com as regras processuais da legislação nacional.

Esse modelo configura-se em quatro elementos que seguem uma ordem cronológica racional: espaço, voz, público, influência. O espaço refere-se à abertura para que a criança expresse seus pontos de vista na escola; a voz envolve a capacidade da criança de se manifestar e ser ouvida em questões que a afetam; o público diz respeito ao alcance da participação, ou seja, quem está envolvido na escuta das vozes das crianças; e a influência está relacionado ao impacto real que as opiniões das crianças têm nas decisões tomadas.

Uma atividade correlata, apontada como promissora ainda na palestra da professora irlandesa Lisha O'Sullivan, é a realização de um Jornal da Turma. À medida que os alunos aprendem a usar dispositivos eletrônicos, conversam sobre os assuntos a serem apresentados, entrevistam pessoas, produzem textos e ilustrações, brincam e aprendem, sem sair do currículo (BROSNAN, 2018). E a existência de uma audiência para observar este tipo de trabalho faz com que os alunos se empenhem mais na qualidade de seus projetos.

Também tomando por base o que as Nações Unidas colocam acerca do direito das crianças estarem bem, outra professora irlandesa, Margaret Nohilly, apresentou-nos a palestra "Garantindo o bem-estar emocional e mental dos alunos". Ela afirmou que é importante tratar sobre essa temática na escola, porque há um aumento de quadros de ansiedade presente na população jovem. Então, por meio das diferentes atividades desenvolvidas na escola com foco no bem-estar emocional, os alunos desenvolveriam um bom relacionamento uns com os outros, e, de modo paralelo, a sua inteligência emocional. E, assim como os outros professores citados nos parágrafos anteriores, Nohilly, ratifica a importância dos alunos entenderem o propósito da realização das atividades escolares bem como deles estarem presentes em um estimulante ambiente familiar e comunitário.

Quando questionada acerca de como os professores das escolas irlandeses tratavam as competências socioemocionais no seu dia a dia em seus diferentes componentes curriculares, Nohilly afirmou que não existe essa indicação, como ocorre em Fortaleza, de os professores desenvolverem suas atividades vislumbrando concomitantemente competências socioemocionais. Entretanto, desde 1999, existe uma espécie de componente curricular chamado *Social Personal and Health Education (SPHE)* direcionado a turmas equivalentes aos nossos anos iniciais do Ensino Fundamental. Em aulas semanais de trinta minutos, ela oportuniza ações que permitam aos jovens compreenderem a si mesmos, desenvolver relações positivas e estabelecer padrões de comportamentos saudáveis. Questões sobre equidade, direitos humanos, democracia, justiça e inclusão são também alimentadas nessa matéria por meio das experiências de aprendizagem oferecidas. Desta forma, acreditam preparar os alunos para uma cidadania ativa e responsável com comportamentos regidos pela compreensão, empatia e respeito mútuo (IRLANDA, 1999).

Ainda suplementando a resposta, a acadêmica também indicou a leitura do seu livro *WISE: Wellbeing in Schools Everyday* (TYNAN; NOHILLY, 2018). Ele busca responder às necessidades dos professores para compreender o bem-estar num contexto educativo e como desenvolver uma série de competências e estratégias em diferentes componentes curriculares. Por meio da leitura do *Primary School Curriculum*, um dos principais documentos curriculares da Irlanda, pode-se perceber que as aulas de Educação Física também contribuem para o desenvolvimento cognitivo e emocional das crianças. Uma de suas formas de ação se dá por meio do ato de encorajar os jovens a concentrarem-se na realização dos seus objetivos físicos pessoais, o que geraria atitudes positivas contribuindo, consequentemente, para o aumento da autoestima (TYNAN; NOHILLY, 2018).

Ainda conversando sobre como garantir o bem-estar emocional e mental dos alunos, a professora citada afirma que não há como falar da saúde do aluno sem falar da dos professores. Desta forma, o meio escolar deve fazer com que seus profissionais tenham: confiança no seu trabalho, percebam os resultados positivos de suas ações e que suas dinâmicas de trabalho fazem diferença na vida da comunidade escolar.

Durante o intercâmbio pedagógico, tivemos acesso ainda a um centro terapêutico voltado para crianças e adolescentes de três a dezoito anos que se encontram em alguma situação de vulnerabilidade (abuso ou violência familiar, problemas envolvendo álcool ou drogas, tentativas de suicídio etc.). Chamado de *Blue Box*, o centro utiliza a arte como terapia a fim de que crianças e adolescentes se sintam mais seguros e compartilhem suas dores. Existem três espaços bem equipados na instituição: um voltado para a realização de trabalhos manuais, outro voltado para a aprendizagem de instrumentos musicais e/ou relacionado ao ato de simplesmente brincar. Os jovens é que escolhem em qual sala querem ficar em sessões semanais de 45 minutos para melhorarem aspectos emocionais.

Para serem atendidos na Blue Box, os jovens são encaminhados pelas escolas da região de Limerick. Em 2023, em torno de 80 crianças e adolescentes foram atendidos, vindos de doze diferentes escolas. Os atendimentos aconteciam à tarde, após o horário escolar, e podem ser prolongados em um período máximo de cinco anos. Infelizmente, à época, foi nos informado que ainda havia uma fila de espera para aqueles que fossem indicados pelas escolas para realizarem a terapia. Especialmente por questões financeiras, mais vagas para tratamento não poderiam ser abertas.

4. CONSIDERAÇÕES FINAIS

Comparar a educação infantil e o ensino fundamental entre a Irlanda e o Brasil nos oferece uma visão profunda sobre a importância do bem-estar emocional e mental no desenvolvimento dos alunos. Ambas as nações têm abordagens distintas, cada uma com suas próprias fortalezas e desafios.

A Irlanda tem investido significativamente em programas de bem-estar emocional e mental nas escolas. Alguns pontos de destaque incluem:

Currículo Integrado com escolas irlandesas incorporando programas de bem-estar no currículo; Treinamento de Professores com a área docente recebendo treinamento especializado para identificar e lidar com problemas emocionais e de saúde mental entre os alunos; Apoio Psicológico com psicólogos e conselheiros disponíveis para oferecer suporte aos alunos e Ambiente Escolar Positivo realizando um esforço contínuo para criar um ambiente escolar inclusivo e de apoio, onde os alunos se sintam seguros e valorizados.

Em nossa realidade, embora haja esforços crescentes para promover o bem-estar emocional e mental, ainda existem muitos desafios a serem superados. Iniciativas Recentes da Prefeitura Municipal de Fortaleza buscam integrar ações de promoção da saúde e bem-estar nas escolas e a sua implementação precisa ser universalizada para todas as unidades educacionais.

O exemplo da Irlanda pode ser implementado também em nossa realidade quando tratamos de capacitação de Professores. Quando observamos maiores competências socioemocionais dentre os docentes, também observamos repercussões no bem-estar emocional e mental dos alunos. A prefeitura em parceria com o Integra – Psicomotricidade Relacional já tem realizado um grande movimento relacionado ao bem-estar dos professores nas escolas. Programas como esses valorizam o professor e garantem maior autonomia e competência para a gestão de emoções intra e interpessoais.

Em relação à infraestrutura e recursos, a Irlanda está mais avançada em termos de recursos dedicados ao bem-estar emocional e mental nas escolas. Contudo, mesmo com todos os desafios sociais e econômicos enfrentados em nossa realidade, Fortaleza também mantém boas iniciativas em relação a essa temática em toda a comunidade escolar.

A promoção do bem-estar emocional e mental é crucial para o desenvolvimento saudável das crianças. Enquanto a Irlanda serve como um exemplo de boas práticas, o Brasil e mais especificamente, Fortaleza-CE está no caminho certo, quando propõe programas de acolhimento aos professores e alunos. Ao aprender com as práticas irlandesas e adaptar as estratégias para o contexto regional, é possível melhorar significativamente o suporte emocional e mental nas escolas, criando um ambiente mais saudável e propício para o aprendizado e crescimento dos alunos.

REFERÊNCIAS

BARDIN, L. **Análise de conteúdo**. Lisboa: Edições 70, 1977.

BETTI, M. A versão final da Base Nacional Comum Curricular da Educação Física (Ensino Fundamental): menos virtudes, os mesmos defeitos. **Revista Brasileira de Educação Física Escolar**, [S. l.], ano 4, v. 1, p. 156-175, 2018.

BRASIL. Ministério da Educação. **Parâmetros Curriculares Nacionais para o Ensino Fundamental.** Brasília, MEC/SEF, 1997.

BRASIL. Ministério da Educação. Secretaria de Educação Fundamental. **Parâmetros Curriculares Nacionais: Educação Física - 3º e 4º ciclos** / Secretaria de Educação Fundamental. Brasília: MEC / SEF, 1998.

BRASIL. Ministério da Educação. Secretaria de Educação Básica.**Diretrizes curriculares nacionais para a Educação Infantil**- Brasília: MEC, SEB, 2010.

BRASIL. Ministério da Educação. **Base Nacional Comum Curricular**: educação é a base. Brasília: 2018.

BROSNAN, S.K. **The impact of play-based learning on the development of resilience competencies in first class children**, Unpublished Master of Education Thesis, Mary Immaculate College. 2018.

CEARÁ. Governo do Estado do Ceará/Secretaria de Educação do Estado do Ceará. **Documento Curricular Referencial do Ceará:** Educação Infantil e Ensino Fundamental. Versão Lançamento Virtual (Provisória). Fortaleza: SEDUC, 2019.

COELI, R. (org.). **Proposta Político-Pedagógica:** EMEIF Secretário Paulo Petrola. Fortaleza: EMEIF Secretário Paulo Petrola, 2020.

FERNANDES, K. B. **BNCC e a Educação Física Escolar**: escolhas e atitudes. Fortaleza, 11 nov. 2022. 1 vídeo (110 minutos). Publicado pelo canal GEPEFE UECE. Disponível em: https://www.youtube.com/watch?v=cgDiZ5sHIQE. Acesso em: 12 jun. 2023.

FORTALEZA. Prefeitura de Fortaleza oferece serviços de acompanhamento psicológico para a comunidade escolar do Município. **Secretaria Municipal de Fortaleza**, 14 abr. 2023. Disponível em: https://intranet.sme.fortaleza.ce.gov.br/index.php?option=com_content&view=article&id=8824&catid=79&Itemid=509. Acesso em: 17 mar. 2024.

FORTALEZA. **Secretaria Municipal de Fortaleza.** Coordenadoria de Articulação da Comunidade e Gestão Escolar. Célula de Mediação Social e cultura de paz, Orientações para a semana da Saúde Emocional na Escola. – Fortaleza: Prefeitura Municipal de Fortaleza, 2023. 62 p. Disponível: em: https://drive.google.com/file/d/1h0SWbjdr0Q3MUoagGJWXsYFORkxfUwB6/view. Acesso em: 17 mar. 2024.

FORTALEZA. SME divulga as orientações para a realização da Semana de Saúde Emocional na Escola 2023. **Secretaria Municipal de Fortaleza**, 24 fev. 2023. Disponível em: https://intranet.sme.fortaleza.ce.gov.br/index.php?option=com_content&view=article&id=8593:sme-divulga-as-orienta%C3%A7%C3%B5es-pararealiza%C3%A7%C3%A3o-da-semana-de-sa%C3%BAde-emocional-na-escola-2023&catid=79&Itemid=509. Acesso em: 17 mar. 2024.

FORTALEZA. **Unidades escolares realizam ações mensais da Semana da Saúde Emocional.** Secretaria Municipal de Fortaleza, 03 mai. 2020. Disponível em: https://intranet.sme.fortaleza.ce.gov.br/index.php?option=com_content&view=article&id=8893&catid=79&Itemid=509. Acesso em: 17 mar. 2024.

GALARDINI, Anna Lia. **Participación.** Barcelona: octaedro, 2017.

INSTITUTO AYRTON SENNA. **Competências socioemocionais dos estudantes**. Portal Instituto Ayrton Senna. Disponível em: https://institutoayrtonsenna.org.br/o-que-defendemos/socioemocionalestudantes/#:~:text=Compet%C3%AAncias%20Socioemocionais%20s%C3%A3o%20capacidades%20individuais,enfrentar%20situa%C3%A7%C3%B5es%20adversas%20ou%20novas. Acesso em: 21 fev. 2023.

IRLANDA. **Primary School Curriculum:** introduction. 1999. 89 f. Disponível em: PSEC_Introduction-to-Primary-Curriculum_Eng.pdf (curriculumonline.ie). Acesso em: 17 mar. 2024.

LUNDY, L. 'Voice' is not enough: conceptualising Article 12 of the United Nations Convention on the Rights of the Child. **British Educational Research Journal**, [S. l.], v. 33, n. 6, p. 927-942, 2009.

MARTINS, R. M.; FERREIRA JÚNIOR, J. R.; MOURA, D. L. Análise da Educação Física no Documento Curricular Referencial do Ceará. **Revista Eletrônica Científica Ensino Interdisciplinar**, [S. l.], v. 8, n. 25, 2022.

MINAYO, M. C. S. (org.). **Pesquisa social:** teoria, método e criatividade. Petrópolis, RJ: Vozes, 2007.

MORIN, Edgar. **Cabeça bem-feita**. Rio de janeiro: Bertrand Brasil, 2018.

NEIRA, M. G. Incoerências e inconsistências da BNCC de Educação Física. **Revista Brasileira de Ciências do Esporte**, [S. l.], v. 40, n. 3, p. 215-223, 2018.

ORGANIZAÇÃO MUNDIAL DA SAÚDE (OMS). Prevenção do suicídio: um imperativo global. Disponível em: https://www.who.int/mental_health/suicide-prevention/world_report_2017/en/. Acesso em: 4 dez. 2024.

PAES, Caila Carolina; PAIXÃO, Alvaneide. A importância da abordagem da educação em saúde. **Revista De Educação Da Universidade Federal Do Vale Do São Francisco**, [S. l.], v. 6, n. 11, p. 80-90, 2016.

PARKER, R.; STJERNETHOMSEN, B.; BERRY, A. 'Learning through play at school- A framework for policy and practice'. **Frontiers in Education**, [S. l.], v. 7, 17 abr. 2022.

PINO-PASTERNAK, D.; BASILIO, M.; WHITEBREAD, D. Intervention and classroom contexts that promote self-regulated learning: Two intervention studies in United Kingdom primary classrooms. **Psykhe**, [S. l.], v. 23, n. 2, p. 1-13, 2014.

SANTOS, A. S. P. **Ginástica de conscientização corporal:** uma experiência pedagógica no Ensino Fundamental. 262 f. Dissertação (Mestrado Profissional em Educação Física em Rede Nacional) — Centro de Ciências da Saúde, Universidade Federal do Rio Grande do Norte, Natal, 2023.

SILVA, A. B. B. **Depressão e pânico nos adolescentes**. [S. l.], 2 de maio 2022a. 1 vídeo (6 minutos). Publicado pelo canal Dra Ana Beatriz Barbosa. Disponível em: https://www.youtube.com/watch?v=pK2aLOYKSbs. Acesso em: 15 maio 2023.

SILVA, A. B. B. **Hoje a geração de adolescentes e jovens são mais frágeis?** [S. l.], 1 jun. 2022b. 1 vídeo. Publicado pelo canal Super Cortes Podcast. Disponível em: https://www.youtube.com/watch?v=wXvkey2xK-g. Acesso em: 20 maio 2023.

SOUZA, S. C. de; RODRIGUES, T. M. Depressão infantil: considerações para professores da educação básica / Child depression: considerations for basic education teachers. **Brazilian Journal of Development**, [S. l.], v. 6, n. 6, p. 34326-34338, 2020.

TYNAN, F.; NOHILLY, M. **WISE: Wellbeing in Schools Everyday:** a Wholeschool Approach to the Practical Implementation of Wellbeing. Curriculum Development Unit, Mary Immaculate College, 2018. 210 f.

UNICEF. **Convenção sobre os Direitos da Criança**. Portal unicef.org Brasil. 1990. Disponível em: https://www.unicef.org/brazil/convencao-sobre-os-direitos-da-crianca. Acesso em: 17 mar. 2023.

WHITEBREAD, D.; JAMESON, H.; BASILIO, M. Play beyond the foundation stage. *In:* MOYLES, J. (org.). **The excellence of play**. 3 ed. Buckinghamshire: Open University Press, 2015. p. 84-93.

ZOSH, J.; HIRSH-PASEK, K.; HOPKINS, E. J.; JENSEN, H.; LIU, C.; NEALE, D.; SOLIS, S. L.; WHITEBREAD, D. Accessing the Inaccessible: Redefining play as a spectrum. **Frontiers in Psychology**, [*S. l.*], v. 9, 2018. Disponível em: https://www.frontiersin.org/articles/10.3389/fpsyg.2018.01124/full. Acesso em: 17 mar. 2023.

ANEXO

CAPÍTULO 4

CRIANDO UM AMBIENTE DE APRENDIZAGEM POSITIVO NAS ESCOLAS

Ronny Roberto Queiroz De Assis
Claudecio Moreira dos Santos
Eveline Pereira Dantas
Joana D'arc Matos Fernandes Dutra

O conteúdo a aprender se relaciona
com os conhecimentos prévios.
(David Ausubel)

1. INTRODUÇÃO

A jornada da aprendizagem é tão vasta quanto a diversidade cultural e os sistemas educacionais que a moldam. Neste capítulo, exploraremos a importância crucial de criar um ambiente de aprendizagem positivo, inspirando-nos nas abordagens educacionais da Irlanda e de Fortaleza. Ao entendermos como esses sistemas incorporam elementos que promovem uma cultura de aprendizagem estimulante, podemos extrair lições valiosas para enriquecer o cenário educacional da nossa cidade.

Na Irlanda, a educação é valorizada como um pilar fundamental para o desenvolvimento individual e coletivo. Desde os primórdios, a Irlanda tem se esforçado para estabelecer um ambiente de aprendizagem que nutre a curiosidade, a criatividade e o pensamento crítico. Uma das pedras angulares desse sistema é o reconhecimento da importância do bem-estar dos alunos para o seu sucesso acadêmico. Escolas irlandesas priorizam a saúde mental e emocional dos estudantes, proporcionando apoio e recursos para garantir um ambiente seguro e acolhedor. Daniel Goleman, enfatiza a importância de cuidar do bem-estar dos alunos principalmente por causa da sua teoria sobre inteligência emocional (GOLEMAN, 2001). O autor argumenta que o sucesso na vida não é determinado apenas pelo QI (quociente de inteligência), mas também pela inteligência emocional, que engloba habilidades como autoconhecimento, autogerenciamento, empatia e habilidades sociais.

Ao cuidar do bem-estar dos alunos, estamos apoiando o desenvolvimento de suas habilidades emocionais e sociais, o que é fundamental para várias áreas da vida, incluindo o desempenho acadêmico, a saúde mental e o sucesso profissional. Algumas razões pelas quais Goleman (2001) considera importante cuidar do bem-estar dos alunos: Um ambiente de aprendizagem positivo desempenha um papel crucial no desenvolvimento acadêmico e socioemocional dos alunos; um ambiente que promove uma atmosfera acolhedora e de apoio estimula a motivação dos estudantes. Quando os alunos se sentem valorizados e incentivados, estão mais propensos a se envolver ativamente nas atividades de aprendizagem, o que pode resultar em um melhor desempenho acadêmico; um ambiente positivo contribui significativamente para o bem-estar emocional dos alunos. Um espaço seguro e inclusivo permite que os estudantes expressem suas emoções e lidem com o estresse de maneira saudável, promovendo assim o desenvolvimento de habilidades de autorregulação e resiliência.

Um aspecto fundamental é a promoção de relacionamentos interpessoais saudáveis. Em um ambiente positivo, os alunos têm a oportunidade de construir conexões significativas com colegas e professores, o que fortalece o senso de pertencimento e colaboração. Esses relacionamentos são essenciais para o desenvolvimento socioemocional, estimulando a empatia, a cooperação e o desenvolvimento de habilidades sociais importantes para a vida em sociedade. Além disso, um ambiente que valoriza o progresso individual e celebra as diferenças contribui para o desenvolvimento da autoconfiança e autoestima dos alunos. Quando os estudantes se sentem reconhecidos e apoiados, eles são mais propensos a desenvolverem uma visão positiva de si mesmos e a se sentirem mais confiantes em suas capacidades acadêmicas e pessoais.

Por fim, um ambiente de aprendizagem positivo está intrinsecamente ligado ao desempenho acadêmico dos alunos. Estudos mostram que alunos que estudam em ambientes positivos tendem a alcançar melhores resultados acadêmicos, pois estão mais motivados, emocionalmente equilibrados e apoiados em seu processo de aprendizagem. Assim, um ambiente que promove a motivação, o bem-estar emocional, relacionamentos saudáveis e autoconfiança contribui significativamente para o sucesso acadêmico e socioemocional dos alunos.

2. ESTRATÉGIAS PARA UM AMBIENTE DE APRENDIZAGEM POSITIVO

Para promover um ambiente de aprendizagem positivo e inclusivo nas escolas, é essencial explorar e implementar diversas estratégias e práticas que abordem as necessidades e experiências de todos os alunos. Uma abordagem holística e abrangente é fundamental para criar um ambiente onde todos se sintam valorizados, respeitados e capacitados a alcançar seu potencial máximo.

Uma das estratégias-chave é promover a diversidade e a inclusão. Isso pode ser alcançado por meio da implementação de currículos que reflitam a diversidade cultural, étnica, racial, de gênero e de habilidades, bem como a incorporação de materiais educacionais e recursos que representem uma ampla gama de perspectivas. É importante criar um ambiente onde todas as formas de diversidade sejam valorizadas e celebradas, e onde políticas e práticas de inclusão garantam que todos os alunos tenham igualdade de oportunidades (KHATER; SOUZA, 2018).

Outra estratégia importante é fomentar um ambiente de respeito e empatia. Isso envolve estabelecer normas claras de comportamento que promovam o respeito mútuo, a tolerância e a compreensão das diferenças. Incentivar o diálogo aberto e o entendimento das experiências e perspectivas dos outros também é fundamental para criar um clima de respeito e inclusão na escola.

É essencial desenvolver programas de educação socioemocional, tais como: habilidades de inteligência emocional, autoconhecimento, autorregulação, empatia e habilidades sociais. Esses programas podem incluir atividades práticas, como círculos de discussão, jogos de cooperação e exercícios de atenção plena, que ajudam os alunos a desenvolverem habilidades essenciais para se relacionar de forma saudável e construtiva com os outros (GOLEMAN, 2001).

Promover a participação ativa dos alunos é fundamental para criar um ambiente de aprendizagem positivo e inclusivo. Isso pode ser alcançado por meio do envolvimento dos alunos em atividades extracurriculares, clubes estudantis, projetos de serviço comunitário e iniciativas de liderança, que ajudam os alunos a se sentirem conectados à escola e a desenvolver um senso de pertencimento e engajamento.

Finalmente, é importante criar um ambiente físico acolhedor e inclusivo, com espaços que promovam a colaboração, a criatividade e o bem-estar dos alunos. Isso pode incluir salas de aula bem equipadas, áreas de convivência agradáveis e murais e obras de arte que reflitam a diversidade da comunidade escolar (KHATER; SOUZA, 2018).

Essa iniciativa requer um esforço conjunto para abordar as necessidades e experiências de todos os alunos. Ao explorar e implementar estratégias e práticas que promovam a diversidade, o respeito, a participação dos alunos e um ambiente físico acolhedor, as escolas podem criar um ambiente onde todos os alunos se sintam valorizados e capacitados.

A cultura escolar desempenha um papel fundamental no ambiente de aprendizagem, influenciando significativamente as experiências e o desempenho dos alunos, bem como as práticas e políticas educacionais adotadas pela instituição. O impacto da cultura escolar pode ser observado em vários aspectos: a cultura escolar molda as expectativas, normas e valores que orientam o comportamento dos membros da comunidade escolar. Uma cultura escolar positiva, que valoriza a excelência acadêmica, o respeito mútuo, a colaboração e a diversidade, cria um ambiente propício para o aprendizado e o crescimento pessoal dos alunos. Por outro lado, uma cultura escolar negativa, marcada por falta de respeito, baixas expectativas e desigualdades, pode minar a confiança dos alunos em si mesmos e no sistema educacional (GAUTÉRIO, 2014).

A cultura escolar influencia as relações interpessoais dentro da escola, incluindo as interações entre alunos, entre alunos e professores e entre membros da equipe administrativa. Uma cultura escolar que promove a confiança, o apoio mútuo e a colaboração fortalece os laços sociais e emocionais entre os membros da comunidade escolar, criando um ambiente de apoio e pertencimento. Por outro lado, uma cultura escolar marcada por conflitos, competição excessiva ou falta de comunicação pode prejudicar as relações interpessoais e prejudicar o ambiente de aprendizagem (GAUTÉRIO, 2014).

A implementação de programas de apoio psicológico destina-se a fornecer suporte emocional e mental aos alunos que enfrentam desafios emocionais, como ansiedade, estresse, depressão, traumas ou outras dificuldades. Esses programas podem incluir serviços de aconselhamento individual ou em grupo, sessões de terapia, palestras sobre saúde mental, entre outros recursos. Ao fornecer acesso a profissionais qualificados de saúde mental, as escolas demonstram um compromisso com o bem-estar integral dos alunos e ajudam a reduzir o estigma em torno das questões de saúde mental.

A criação de espaços seguros para expressão emocional é fundamental para permitir que os alunos compartilhem seus sentimentos, preocupações e experiências de forma aberta e honesta. Esses espaços podem incluir salas de apoio emocional, grupos de discussão, murais de expressão artística ou mesmo espaços de relaxamento. Através desses espaços, os alunos têm a oportunidade de se sentir ouvidos, compreendidos e apoiados por colegas e professores, o que promove o senso de pertencimento e inclusão na escola (HANK, 2006).

Essas estratégias não apenas ajudam os alunos a lidarem com desafios emocionais, mas também contribuem para a criação de uma cultura escolar mais empática, solidária e resiliente. Ao reconhecer e valorizar a saúde mental dos alunos, as escolas demonstram um compromisso com o desenvolvimento integral de cada indivíduo e criam um ambiente propício para o aprendizado, o crescimento pessoal e o sucesso acadêmico.

Em relação à fomentação da cultura de respeito, tanto a prefeitura de Fortaleza quanto as autoridades na Irlanda implementam uma série de iniciativas e políticas para promoverem esses valores nas escolas e na comunidade em geral.

Na Irlanda, o governo e as autoridades educacionais têm políticas e programas dedicados à promoção de uma cultura de respeito e empatia nas escolas, incluindo a integração de temas relacionados à diversidade, igualdade e direitos humanos no currículo escolar, bem como o fornecimento de treinamento em habilidades sociais e de resolução de conflitos para educadores e alunos. As escolas na Irlanda são incentivadas a adotarem abordagens proativas para prevenir o *bullying*, incluindo a implementação de políticas de tolerância zero e a criação de mecanismos de apoio para as vítimas.

Nos sistemas educacionais existe a necessidade de promover parcerias com instituições de saúde mental e organizações da sociedade civil para oferecer suporte emocional e psicológico aos alunos, bem como implementar programas de mediação de conflitos e formação de líderes estudantis para ajudar a criar um ambiente escolar mais seguro e inclusivo para todos. Essas são apenas algumas das medidas que podem ser adotadas, tanto em Fortaleza quanto na Irlanda.

Paulo Freire defendia uma abordagem educacional que valorizasse a participação ativa dos alunos no processo de ensino-aprendizagem. Ele acreditava que os alunos não devem ser meros receptores de conhecimento, mas sim agentes ativos na construção do próprio conhecimento (FREIRE, 2011).

Em suma, ao valorizar a voz dos alunos e promover atividades e projetos colaborativos, as escolas não apenas fortalecem o engajamento dos alunos, mas também cultivam habilidades essenciais para o sucesso pessoal e profissional. Experiências educacionais exitosas destacam a importância de estratégias que promovem relacionamentos positivos, incentivam a criatividade, autonomia, e oferecem apoio emocional para criar um ambiente de aprendizagem positivo. Ao adotar essas práticas, as escolas podem não apenas melhorar o bem-estar dos alunos, mas também promover o sucesso acadêmico e pessoal a longo prazo.

Em conclusão, reforçamos a importância crítica de criar um ambiente de aprendizagem positivo para o sucesso educacional e o bem-estar dos alunos. Ao longo deste texto, exploramos várias estratégias e práticas que demonstram como um ambiente escolar acolhedor, inclusivo e estimulante pode impactar positivamente a vida dos estudantes. Desde a valorização da voz dos alunos até a promoção de atividades colaborativas e o apoio emocional, cada elemento desempenha um papel fundamental na construção de uma comunidade escolar onde os alunos se sintam motivados, seguros e respeitados.

Convidamos todos a refletirem sobre o que pode ser feito em suas próprias comunidades escolares para a promoção de mudanças positivas. Isso pode incluir desde iniciativas simples, como incentivar o diálogo aberto entre alunos e professores, até a implementação de programas mais abrangentes, como treinamento em habilidades socioemocionais para educadores ou a criação de espaços seguros para expressão emocional. Cada pequena ação pode fazer uma grande diferença no ambiente escolar e no bem-estar dos alunos.

Ao trabalharmos juntos para a geração de uma cultura de respeito e colaboração nas escolas, podemos criar um futuro em que todos os alunos tenham a oportunidade de alcançar seu pleno potencial e prosperar como indivíduos e membros da comunidade.

3. DAS EXPERIÊNCIAS VIVIDAS NAS VISITAS ÀS ESCOLAS

É indiscutível o fato do quanto ficamos imaginando como se processa toda a rotina estudantil das crianças e adolescentes matriculadas nas instituições educacionais de Limerick - Irlanda, uma vez que o sistema de ensino daquele país se configura como uma das 10 melhores do mundo segundo resultados do PISA 2022 (Programa Internacional de Avaliação de Estudantes), se destacando principalmente no eixo da leitura ocupando a 3ª colocação geral.

A nós, alunos intercambistas, tivemos a satisfação de visitar uma boa quantidade de escolas com uma heterogeneidade bastante elevada no que diz respeito aos docentes, alunos, origens, idades, currículos, estrutura e demais especificidades, favorecendo a nossa perspectiva quanto ao funcionamento e formação da ambientação onde a aprendizagem se processa.

Tivemos o conhecimento de que o sistema educacional irlandês vem sempre se preocupando em atender da melhor a todos os estudantes, possibilitando o acesso pleno à pré-escola, como por exemplo o programa *Acess and Inclusion Model (AIM)* (Modelo de Acesso e Inclusão) criado em 2016 com o objetivo de auxiliar educadores e familiares na construção de experiências inclusivas, garantindo que todos possam participar plenamente do processo educativo, possibilitando o desenvolvimento de seu máximo potencial.

O modelo é uma iniciativa intergovernamental, liderada pelo Departamento de Assuntos da Infância e Juventude; e envolvendo o Departamento de Saúde e o Departamento de Educação e Habilidades. A combinação entre os departamentos de educação e saúde, que trabalham juntos, serve para garantir a aprendizagem e os apoios terapêuticos necessários às crianças.

O primeiro estágio nas escolas ocorreu na *Scoil Mhathair de Primary School* onde tivemos logo na recepção, um encontro caloroso com aqueles que compõem o núcleo gestor da escola. Eles nos deram orientações diversas acerca do funcionamento, quantidade de docentes, faixa etária dos alunos, horários de início e término, bem como certas prescrições do nosso posicionamento ao adentrarmos nas salas de aula e do trato com professores e alunos.

Conseguimos perceber que estruturalmente a escola oferece um ambiente muito aconchegante, com tudo o que é necessário para que o processo de ensino-aprendizagem ocorra de forma satisfatória. Desde o aquecimento nas salas (pois a temperatura média naquela época do ano era em torno de 5º Celsius) até a disposição de banheiros dentro dos espaços escolares, inclusive nas salas de aula.

Vimos durante os corredores que nos levavam às salas de aula, o quanto se valorizavam os trabalhos realizados pelos alunos, uma vez que as colunas e paredes desses corredores eram repletos de singularidades artísticas (Anexo). Essa impressão se estendia para dentro das paredes das salas ao adentrá-las, eram repletas não somente de atividades, mas também de materiais pedagógicos que de alguma forma se tornavam úteis para algum momento das aulas.

Ainda vislumbramos o quanto a tecnologia está presente na rotina diária dos alunos e dos docentes, pois todas as ambientações de ensino usufruíam no mínimo de uma espécie de lousa digital na qual era possível uma interação mais imersiva com a proposta metodológica. Em nosso caso, a disciplina lecionada foi a de matemática e conseguimos observar essa interação.

O limite de alunos nas salas é bem favorável na realidade irlandesa (25 alunos por sala) para a realização das atividades, como também a forma com que as mesas e cadeiras são dispostas (quatro mesas e cadeiras próximas umas das outras em formato de círculo). O que em nada impedia a rápida reorganização quando fosse necessária a realização de uma atividade que exigisse uma abertura maior do espaço (Vimos isso acontecer duas vezes).

Outra coisa que chamou muito a nossa atenção foi a forma atenciosa e respeitosa com que os professores eram tratados. A desobediência às instruções do ministrador ali eram quase que inexistentes, pois todos respeitavam de imediato o comando dado, além da voz que estava em evidência. De um por vez, eles mesmos se corrigiam quando alguém tomava a vez do outro, permitindo a sequência já estabelecidos por eles mesmos.

O nível de concentração dos alunos era excelente quando eles estavam desenvolvendo alguma atividade, sem falar que havia um certo desânimo quando não conseguiam com precisão acertar os testes que eram feitos logo após os estudos de determinados assuntos, talvez decorrente do tempo que foi insatisfatório. Ainda assim, havia o intermédio do professor com aquele aluno estimulando-o com: foi "quase", "por pouco" etc.

Notamos também que apesar de não termos presenciado o acolhimento inicial das turmas, há claramente uma preocupação do docente em oferecer um ambiente positivo e propício para a aprendizagem, pois em diversas ocasiões, em meio as explanações da professora, percebemos que todos os alunos são bem participantes e em nada temem em suas respostas não serem assertivas diante de algumas indagações da professora. Certamente, isso decorre de uma rotina construída ao longo do tempo. Ainda tivemos oportunidades de adentrar em duas outras turmas e a percepção foi a mesma, independente da faixa etária dos alunos e do docente envolvido.

Infelizmente o tempo ofertado foi pouco, devido a própria rotina de intervalos da escola. Mas, conseguimos ainda desfrutar de alguns momentos bem oportunos pela instituição e notamos um ambiente acolhedor e estimulante para as práticas metodológicas. O lugar se localizava bem no centro da escola e era recheado de livros, brinquedos pedagógicos, materiais de uso como lápis, canetas, pincéis e outros. Um local que segundo depoimento deles era utilizado para reforço e desenvolvimento de algumas habilidades necessárias.

Do lado de fora das paredes daquele lugar, presenciamos um momento de interação entre os estudantes. Eles corriam, gritavam, falavam, alguns até caíam e simplesmente agiam como uma criança qualquer daquela idade. Vimos o quanto a elaboração e manutenção de uma ambientação positiva de aprendizagem faz toda a diferença.

Decerto que vislumbramos apenas um instante daquilo tudo que é a *Scoil Mhathair de Primary School*, provavelmente muitas outras estratégias, ações e metodologias são aplicadas visando não somente a construção de um ambiente favorável ao desenvolvimento das capacidades e habilidades exigidas, mas também de promover a equidade e igualdade entre os estudantes.

Uma segunda escola, que vale a pena evidenciar na experiência vivenciada, foi a *St. Michael´s Infant School*, uma que já impressionou mesmo do lado de fora com a sua imponência estrutural e história ali inserida. É uma escola primária que atende meninos e meninas, desde bebês até a primeira classe. Estando situada no terreno da *CBS Sexton Street*. É uma escola católica, mas crianças de diferentes origens religiosas, étnicas e culturais também estudam lá.

Percebemos que existe uma preocupação do núcleo gestor em preparar toda uma ambientação propícia à aprendizagem e para o bem-estar daqueles que ali se encontram. Fomos muito bem recebidos pela direção da escola, sendo direcionados e orientados de forma mais branda para que os horários de estágio pudessem ser compatíveis com os deles.

Fomos em trios direcionados as salas compostas por alunos de faixa etária situada entre 09 a 11 anos, uma espécie correspondente ao nosso 5º ano. Não pudemos socializar com os alunos e professores naquele instante porque os objetivos propostos para aquela situação e o tempo ofertado não eram condizentes para tais fins. Contudo, percebemos durante a ministração de uma aula de matemática que a construção de um ambiente positivo nessa escola se assemelha a outras que visitamos por inúmeras características a serem listadas posteriormente.

Logo que adentramos a uma das salas pudemos perceber que existe um clima propício para o desenvolvimento das habilidades e competências exigidos, como a presença de equipamentos tecnológicos úteis para a assimilação da disciplina que estava sendo ministrada. Existe uma organização em relação à disposição das cadeiras/mesas e números de alunos que colaboram e muito com o sucesso da aprendizagem.

A todo momento quando havia questionamentos e desafios do professor em relação ao conteúdo visto, percebia-se o quanto a voz dos alunos era imprescindível nesse processo formativo, porque o docente ali envolvido quase sempre promovia oportunidades de valorização do momento, independente se as respostas eram assertivas ou não. Constatamos também que a metodologia de interação entre os discentes era muito forte, uma vez que a estratégia foi utilizada algumas vezes nesse intervalo de estágio.

2. CONSIDERAÇÕES FINAIS

Todas as estruturas das escolas observadas são bem adaptadas para a aquisição de conhecimento e do fortalecimento das relações interpessoais. Percebemos o quanto os alunos, corpo docente, gestão e familiares estão engajados nesse processo formativo. Ao fim da nossa jornada de estágio naquela escola, ainda tivemos uma pequena confraternização com a gestão da escola e com apresentações de alunos na qual mostraram um pouco daquilo que a escola tem a oferecer como projetos e programas educacionais.

Ao comparar o aprendizado positivo nas escolas da Irlanda com as escolas de Fortaleza/CE, observa-se uma série de diferenças significativas que refletem tanto as variações culturais, quanto as abordagens educacionais distintas. Na Irlanda, o sistema educacional é frequentemente elogiado pela sua ênfase em metodologias de ensino centradas no aluno, onde a aprendizagem ativa e a inclusão de tecnologias digitais são amplamente utilizadas. As escolas irlandesas promovem um ambiente de apoio, incentivando a participação dos alunos e o desenvolvimento de habilidades críticas e criativas desde os primeiros anos. Além disso, a Irlanda investe substancialmente em formação continuada para os professores, garantindo que eles estejam atualizados com as melhores práticas pedagógicas.

Em Fortaleza, as iniciativas também são promissoras, o cenário educacional vem ampliando sua infraestrutura e recursos tecnológicos e multifuncionais. Há um esforço crescente para melhorar a qualidade da educação, com programas que buscam integrar tecnologias digitais e capacitar professores para adotarem práticas centradas no aluno.

Apesar das diferenças, tanto na Irlanda quanto em Fortaleza, há um reconhecimento crescente da importância de um ambiente escolar positivo para o sucesso dos alunos. Em ambos os contextos, iniciativas que promovem a saúde mental e o bem-estar dos estudantes são valorizadas, e há um esforço contínuo para envolver a comunidade escolar no processo educativo.

Enquanto as escolas irlandesas têm a vantagem de um sistema mais estruturado e recursos abundantes, as escolas de Fortaleza estão caminhando para melhorias significativas, enfrentando desafios com criatividade e resiliência. A troca de experiências e a colaboração internacional podem ser benéficas, permitindo que ambas as regiões aprendam e cresçam mutuamente, sempre com o objetivo de proporcionar uma educação de qualidade que prepare os alunos para um futuro promissor.

REFERÊNCIAS

AUSUBEL, P. P.; NOVAR, J. D.; HANESIAN, H. **Psicologia Educacional**. Rio Janeiro: Interamericana, 1980.

FREIRE, P. **Pedagogia da Autonomia**. São Paulo: Editora Paz e Terra, 2011.

GAUTÉRIO, Vanda Leci Bueno. **O aprender em ambientes de aprendizagem configurando uma cultura escolar.** 2014.

GOLEMAN, D. **Inteligência Emocional**: A teoria revolucionária que define o que é inteligente. Rio de Janeiro: Objetiva, 2001.

HANK, Vera Lúcia Costa. **O espaço físico e sua relação no desenvolvimento e aprendizagem da criança.** Meu artigo Brasil escola. 12 abril 2006. Disponível em: http://www.meuartigo.brasilescola.com/educacao Acesso em: 14 jul. 2024.

KHATER, Eduardo; SOUZA, K. C. S. de. Diversidade x Inclusão: Conceito, teoria e prática na educação infantil. **Revista Educação em Foco**, [S. l.], v. 10, p. 29-38, 2018.

ANEXO

CAPÍTULO 5

DESENVOLVENDO UM AMBIENTE ESCOLAR INCLUSIVO: REFLEXÕES ENTRE A EDUCAÇÃO IRLANDESA E A REALIDADE DE FORTALEZA

Paulo Gabriel Lima da Rocha
Ana Alice Coutinho de Araújo
Maria Fabiana Machado de Oliveira
Erika Regine de Melo Montenegro

Que a importância de uma coisa não se mede com fita métrica, nem com balanças nem barômetros. Que a importância de uma coisa há que ser medida pelo encantamento que a coisa produz em nós.
(Manoel de Barros)

1. INTRODUÇÃO

A inclusão é uma problemática mundial que permeia as discussões sobre práticas educacionais e igualdade de oportunidades. Em busca de aprimoramento, torna-se interessante analisar as diversas propostas adotadas ao redor do mundo, buscando parâmetros que possam enriquecer e aprimorar as nossas abordagens educacionais relacionadas à inclusão.

A relevância desse tema é incontestável. Tratar da inclusão é fundamental, pois implica na promoção de um ambiente educacional mais justo, onde cada indivíduo, independentemente de suas características, tenha a oportunidade de desenvolver seu potencial plenamente. A inclusão não apenas reflete princípios éticos, mas também contribui para a construção de uma sociedade mais equitativa e compreensiva.

Nesse contexto, nosso interesse particular pela inclusão é motivado pelo intercâmbio na Irlanda, que envolveu visitas às escolas e a análise das percepções sobre como a inclusão é implementada em um país considerado de primeiro mundo. Essa experiência nos proporcionou uma visão abrangente e valiosa sobre práticas inclusivas eficazes, enriquecendo nossa compreensão e fornecendo *insights* que podem ser aplicados em nosso próprio contexto educacional.

As discussões sobre as políticas de inclusão no que diz respeito à escolarização do público-alvo da Educação Especial (pessoas com deficiência, transtorno global do desenvolvimento e altas habilidades/superdotação) não são recentes. O que se diferencia na conversa atual é a abordagem que não mais enxerga esse tema como algo a ser escondido, excluído ou marginalizado, pelo menos nas intenções. As reflexões consideram a possibilidade objetiva e concreta da inclusão de pessoas com deficiência em ambientes regulares. Essa mudança é impulsionada, principalmente, pela percepção de que a inclusão escolar é um imperativo moral para a sociedade, promovendo uma perspectiva mais aberta e inclusiva no cenário educacional (TANNÚS-VALADÃO; MENDES, 2018).

Nesse sentido, nosso objetivo com este capítulo será: compreender os pontos de convergência observados na educação irlandesa com a educação municipal de Fortaleza, para buscarmos estratégias de aperfeiçoamento do trabalho educacional relacionado à inclusão de alunos com deficiência no ambiente escolar.

Este esforço se justifica pelos grandes números de crianças e adolescentes com deficiência recebidas em escolas regulares e a demanda de estratégias educacionais que surgem com esse esforço de inclusão. Sabemos que a política de educação especial na perspectiva da educação inclusiva acompanha os avanços do conhecimento e das lutas sociais, visando constituir políticas públicas promotoras de uma educação de qualidade para todos os alunos (BRASIL, 2008).

Dessa forma, refletiremos sobre as possibilidades de operacionalizar a inclusão escolar a partir da análise da educação irlandesa e da educação brasileira, especificamente de Fortaleza-CE. O estudo se justifica pedagogicamente por influenciar os trabalhos na execução das políticas de inclusão e pode servir para professores e gestão escolar elaborarem suas propostas de intervenção no contexto imediato de suas escolas.

2. PERCURSO DE INVESTIGAÇÃO

A pesquisa foi realizada de forma qualitativa por tratar-se de um fenômeno social, em um determinado local e cultura, não se baseia em quantidades e estatísticas. Conforme a definição de Silva e Meneses (2000,

p. 20), "a pesquisa qualitativa considera que há uma relação dinâmica entre o mundo real e o sujeito, isto é, um vínculo indissociável entre o mundo objetivo e a subjetividade do sujeito que não pode ser traduzido em números. A interpretação dos fenômenos e atribuição de significados são básicos no processo qualitativo. Não requer o uso de métodos e técnicas estatísticas. O ambiente natural é a fonte direta para coleta de dados e o pesquisador é o instrumento-chave. O processo e seu significado são os focos principais de abordagem".

Tendo em vista a observação, a pesquisa é simplificada. com respaldo em relatos e observações. Os dados dessa pesquisa baseiam-se em informações obtidas através de observações e relatos de professores da educação básica como também palestras de professores de uma universidade irlandesa, especificamente na Universidade *Mary Immaculate College* na cidade de Limerick.

Com isso, descreveremos esses relatos e observações sob a perspectiva do pesquisador ouvinte já que, de acordo com Silva e Menezes (2000, p. 21),

> [...] a pesquisa descritiva trata da descrição de características de determinada população ou fenômeno ou o estabelecimento de relações entre variáveis. Envolve o uso de técnicas padronizadas de coleta de dados: questionário e observação sistemática. Assume, em geral, a forma de levantamento.

A rotina consistiu em assistir aulas sobre o sistema educacional irlandês e também visitas às instituições da educação básica, como também ao Centro de Terapia e Artes Criativas para Crianças e Adolescentes. As escolas da Irlanda mantêm um alto investimento para as crianças com algum laudo específico. Existem centros de atividade psicoterapêuticas, acompanhamento social e atendimento especializado. O governo contrata assistentes para o cuidado e suporte às crianças com alguma deficiência.

Nas escolas regulares existem salas específicas para o trabalho equivalente ao Atendimento Educacional Especializado – AEE, no entanto, as crianças não podem permanecer nelas por longo período, da mesma forma, não podem permanecer nas salas de aulas convencionais, o tempo deve ser equivalente para o melhor suporte e acompanhamento das crianças. É crescente o número de crianças diagnosticadas com Transtorno do espectro Autista – TEA. Nessa questão, há a argumentação do governo para que tenha assistente para todas as escolas. Existe também uma forma de encaminhamento das crianças com deficiência para as escolas, elas já chegam na escola com laudo.

Os professores da Universidade relataram que após a Revolução e a independência da Irlanda em 1926 a pobreza ainda era abrangente e assolava o país. Mas as crianças tinham que estar na escola. Foi relatado que a polícia teve um papel muito importante no destino e na mudança de inclusão das crianças no processo educativo. Em 1937, foi elaborada uma nova Constituição que foi aprovada e estabelecia por lei que o parlamento daria prioridade à educação e que a educação primária seria gratuita. Nessa mesma Constituição, o poder foi conferido ao povo e, em 1966, a educação secundária também passou a ser gratuita. Em 1982, foi decidido o quantitativo de crianças por sala passando a ser 28 alunos com o acompanhamento de dois professores por cada sala.

Por lei, deve haver um assistente para as crianças com deficiência. A cada seis crianças são contratados duas assistentes e, há uma defasagem nesse quesito, pois estes profissionais são contratados após concluírem um curso técnico com duração de um ano. Esses profissionais não têm vínculo empregatício e não trabalham por concurso público, não havendo esse modelo de trabalho para a área educacional. Os relatos dão conta de uma demanda maior existente em relação ao número de contratados, havendo, atualmente a necessidade de mais assistentes para o cumprimento da lei.

Para o sistema educacional irlandês a criança é o centro. A atenção na educação da criança está em primeiro lugar e é muito importante prezar pelas crianças na escola. De acordo com os acadêmicos palestrantes, o currículo foi reformulado no ano de 2023. Portanto, ainda é muito recente, mas ainda está sendo reestruturado priorizando a educação global. O trabalho, segundo eles, na educação infantil é o mais difícil, porém o mais importante. As escolas irlandesas enfatizam a criança como o centro da educação, abordando os eixos como: espiritual, moral, cognitivo, estético, social, físico e imaginativo em todas as suas dimensões.

O novo Currículo estipula que a educação é para todas as crianças, devendo ser inclusiva e prioritária. Ratificando o que estabelece a Lei Irlandesa de Educação para pessoas com Necessidades Educacionais Especiais de 2004 que já estabelece que uma criança com deficiência será educada num ambiente inclusivo com crianças que não têm essas necessidades, a menos que a natureza ou o grau dessas necessidades seja tal que fazê-lo seja inconsistente com o melhor interesse da criança, de acordo com qualquer avaliação realizada nos termos desta Lei, ou a oferta adequada de educação para as crianças com quem ela será educada (IRLANDA, 2024).

Os profissionais relataram que as crianças são consideradas prioridade mesmo antes da renovação curricular, mas que haviam crianças que ainda eram segregadas, principalmente as crianças com deficiência. O novo currículo traz o seguinte seguimento de trabalho: não à Segregação e mais inclusão citando o que preconiza o Tratado de Salamanca de 1994 (UNESCO, 1994). Este acordo afirma que todos os direitos das crianças sejam resguardados. Para que isso ocorra é de suma importância a formação pedagógica.

Ó Murchú, F. (2022, p. 6) afirma que:

> Na Irlanda, especialmente, assim como em outros lugares, é frequente a interpretação da Educação Inclusiva como sendo excessivamente associada ao local de aprendizagem, e não à qualidade da aprendizagem em qualquer local. A inclusão é, muitas vezes, confundida com uma compreensão da aprendizagem inclusiva. Isso significa que o foco não deve estar apenas na localização e nos recursos, mas também devem ser abordadas as necessidades de aprendizagem de todos, conforme definido no currículo e nos objetivos de aprendizagem individuais/coletivos identificados. Portanto, é ressaltada a centralidade do professor, o que inclui também a qualidade dos programas de preparação de professores.

Ainda sobre a formação dos professores, o relatório do Governo Irlandês em sua seção 3.19 declara que:

> A Irlanda está comprometida em formar professores que ofereçam ensino de qualidade e inclusivo. Os professores realizam a aprendizagem profissional em várias áreas pedagógicas, curriculares e educacionais. O Marco Nacional para Aprendizagem de Professores (CPD) é fornecido aos professores para apoiar a inclusão de alunos com necessidades educacionais especiais nas salas de aula regulares. Toda a formação inicial de professores na Irlanda que leve ao registro deve ter credenciamento profissional do Conselho de Ensino, cujo papel é promover e regular os padrões profissionais no ensino. (Ó MURCHÚ, 2022, p. 6).

Um ponto relevante na reestruturação do currículo educacional irlandês é de que a formação do professor exige maior sensibilidade e aproximação com a família. Conforme orientação do Conselho de Educação, os futuros professores devem demonstrar uma compreensão da educação inclusiva e do trabalho com os pais como parte da colocação escolar, através do seu *Taisce* (portifólio de aprendizagem).

Em visitas às instituições escolares e centros de terapia inclusiva, foi possível perceber que a realidade não destoa dos relatos colhidos. Porém, cada escola tem uma característica peculiar de acordo com a comunidade em que se localiza. Como por exemplo, as escolas que recebem imigrantes de várias nacionalidades ainda não estão totalmente voltadas para os alunos com deficiência oriundos de outras culturas.

Ainda assim, é possível analisar que a Irlanda busca um modelo de inclusão planejado para que possibilite o desenvolvimento das crianças de acordo com suas habilidades e capacidades funcionais.

3. ESTRUTURA INCLUSIVA NAS UNIDADES ESCOLARES DA IRLANDA

A inclusão e diversidade na Irlanda propõe políticas públicas muito definidas para o atendimento aos alunos com alguma deficiência ou dificuldade de aprendizagem dentro de uma perspectiva de inclusão. Há diferenças em como se trabalha com a inclusão de alunos entre as escolas visitadas. Há escolas que optam por realizar o trabalho pedagógico, com as crianças, em um ambiente separado daqueles estabelecidos para as aulas regulares, pois há uma preocupação em trabalhar, primeiramente, aspectos que possibilitem uma maior adaptação aos outros ambientes escolares, antes de incluí-los em sala regular.

As escolas incluem as crianças em salas regulares e estas são acompanhadas por assistentes ou atendidas em sala específica para elas. O atendimento pode ser realizado pela própria professora ou em uma sala separada para este atendimento. Há escolas com sala sensorial onde os alunos são atendidos individualmente algumas vezes por semana por uma semana com uma professora que não é regente.

Os alunos com alguma necessidade específica, quando incluídos em sala regular, têm o atendimento no mesmo turno. Por ser um país que acolhe imigrantes, percebe-se a presença de crianças das mais diversas nacionalidades. No campo pedagógico e escolar, trabalhar com a inclusão, na Irlanda, leva em consideração a qualidade da formação dos professores para a consecução de práticas inclusivas (Ó MURCHÚ, 2022).

Para possibilitar o acesso de todos os estudantes à pré-escola, o governo irlandês lançou em 2016 o *Access and Inclusion Model (AIM)* (Modelo de Acesso e Inclusão). O objetivo é auxiliar educadores e familiares na construção de experiências inclusivas, garantindo que todos possam participar plenamente do processo educativo, possibilitando o desenvolvimento de seu máximo potencial. O modelo é uma iniciativa intergovernamental, liderada pelo Departamento de Assuntos da Infância e Juventude e envolvendo o Departamento de Saúde e o Departamento de Educação e Habilidades.

A combinação entre os departamentos de educação e saúde, que trabalham juntos, serve para garantir a aprendizagem e os apoios terapêuticos necessários às crianças. O modelo inclusivo está alicerçado em três pilares: financiamento estatal, formação de educadores e fornecimento de profissionais de apoio. O principal objetivo é permitir que as crianças com deficiência participem de maneira significativa na pré-escola. A presença de documentos relacionados à inclusão dentro dos ambientes escolares regula os trâmites relacionados ao atendimento de alunos na inclusão. Estes documentos norteiam e dão suporte técnico aos professores, não somente sobre as patologias e os manejos relacionados às necessidades dos alunos, mas também sobre o processo de avaliação e acompanhamento sistemático do processo.

Se relacionarmos o Brasil e a Irlanda, a adequação ao Brasil pode ser realizada com o atendimento multidisciplinar no ambiente escolar. Desde 2008, quando foi criada a Política Nacional de Educação Especial na Perspectiva da Educação Inclusiva (PNEEPEI), o número de matrículas nesta modalidade tem aumentado (BRASIL, 2008).

A Prefeitura Municipal de Fortaleza reconhece a Educação Inclusiva como necessidade de adequar o ensino a cada aluno, com sensibilidade na pedagogia para tratar diferentemente os diferentes. Dessa forma, Fortaleza já atende 100% da demanda atual de cerca de 10 mil alunos e continua investindo para ampliar esse serviço. Para reforçar o trabalho já desenvolvido, foi realizada uma seleção de 530 estagiários, que atuarão em parceria com os professores no Atendimento Educacional Especializado - AEE. Os alunos com deficiência matriculados na rede de ensino contam com o AEE, no contraturno, seja nas 236 Salas de Recursos Multifuncionais (SRM), em instituições conveniadas à Prefeitura, ou por meio de práticas pedagógicas inclusivas em sala de aula comum. Além disso, dispõe de 399 profissionais de apoio escolar, que realizam acompanhamento desses alunos (FORTALEZA, 2023).

3.1. Matrícula na rede municipal de ensino

A rede municipal de educação de Fortaleza tem mais de 13.065 matrículas na Educação Inclusiva. Esta matrícula acontece antecipadamente entre o mês de Novembro ou início de Dezembro. A matrícula por deficiência chega ao percentual de 60%. Dessas matrículas, 31% são destinadas a estudantes com Transtorno do Espectro Autista - TEA, 9% para Deficiência Intelectual e outras deficiências (FORTALEZA, 2023).

Na Irlanda, não tivemos acesso ao total de alunos com TEA matriculados em todas as escolas da cidade de Limerick, mas observamos que estes estudantes são os que predominam nas escolas regulares e que o número de alunos com o TEA era bem pequeno comparado a quantidade que temos por sala nas escolas de Fortaleza, embora tenhamos escutado dos gestores e educadores, que o número de estudantes com TEA aumentou significativamente nos últimos anos e que isto está fazendo o governo buscar iniciativas que ampliem o atendimento a esse público visando seus direitos.

3.2. Convivência e inclusão

Todos os estudantes têm o direito de conviver com seus pares em um ambiente inclusivo e respeitoso. Esse direito está respaldado por legislações nacionais e internacionais que promovem a inclusão social e educacional. No contexto educacional esse direito é reconhecido como parte do princípio da educação inclusiva que defende que todo indivíduo independente de suas diferenças deve ter acesso à educação de qualidade e escolas regulares onde possam interagir, aprender e se desenvolver ao lado dos seus colegas (BRASIL, 2021).

A convivência com os pares é essencial para o desenvolvimento social, emocional e cognitivo de todos, ela contribui para o combate ao estigma e a discriminação, promovendo a educação da diversidade e o respeito às diferenças desde a infância.

Nessa perspectiva, observamos e chegamos a comparar que ambos os países caminham juntos, buscando ampliar as fronteiras da educação inclusiva para todos, evidente que cada um com sua demanda, seus aspectos sociais, econômicos e culturais, mas com um olhar atento para o que há de mais importante que é o respeito à diversidade, estimulando e possibilitando a convivência dos estudantes com e sem deficiência em um mesmo contexto, participando das mesmas vivências, compartilhando saberes, onde todos possam aprender juntos independente de quaisquer dificuldades que possam ter. Que assim possamos conviver num mundo mais harmonioso com respeito às diferenças e equidade para os desfavorecidos.

4. CONSIDERAÇÕES FINAIS

Tendo em vista os aspectos apresentados neste relato, visamos conhecer como acontece o processo educacional inclusivo de um outro país, levando em consideração que os educadores podem compartilhar e receber relatos de experiência como este. Essa troca de experiência traz diversos benefícios como o aprendizado e desenvolvimento profissional, pois ao ouvir sobre a experiência de outros professores, podemos aprender novas estratégias de ensino, métodos pedagógicos eficazes, abordagem para lidar com o desafio em sala de aula e formas inovadoras de engajar os alunos. Isso certamente contribuirá para o desenvolvimento contínuo e aprimoramento das nossas habilidades profissionais.

Ouvir relatos positivos de experiências bem-sucedidas de outros professores podem inspirar e motivar os educadores a explorarem novas ideias e abordagens, fortalecer a criatividade e a paixão pelo ensino, assim como identificar estratégias que funcionam em diferentes contextos educacionais e adaptá-las às suas próprias realidades, isso enriquece o repertório de recursos e técnicas indispensáveis para melhorar o aprendizado dos alunos. Ao ouvir e discutir sobre experiências com outros educadores, somos incentivados a refletir sobre a própria prática, isto nos possibilita identificar áreas de melhoria e buscar soluções inovadoras para os desafios enfrentados em sala de aula.

A educação na Irlanda prioriza políticas e práticas que promovem a inclusão de alunos com deficiência com apoio especializado constante. As escolas possuem assistentes de ensino inclusivo dedicados a atender alunos com diferentes níveis de deficiência, oferecendo suporte individualizado para promover a aprendizagem. Existe uma cultura de aceitação e inclusão, o que reflete na formação contínua dos professores e na disponibilidade de recursos.

A educação inclusiva em Fortaleza tem avançado de maneira significativa nos últimos anos, com esforços contínuos para incluir alunos com deficiência no sistema regular de ensino. Durante o intercâmbio na Irlanda, pudemos observar que, embora existam desafios, Fortaleza tem implementado políticas importantes para garantir a inclusão escolar. A presença de salas de recursos multifuncionais, o apoio de professores do Atendimento Educacional Especializado – AEE são alguns dos pontos positivos que merecem destaque. A legislação inclusiva e o crescente reconhecimento da importância de atender à diversidade também refletem o compromisso da cidade com a educação para todos.

Apesar das diferenças, a visita à Irlanda nos mostrou que o caminho para uma educação inclusiva de qualidade passa pela formação continuada dos profissionais e pelo investimento em recursos materiais e humanos. A experiência na Irlanda nos proporcionou uma visão clara de que Fortaleza está no caminho certo, mas ainda pode avançar ao reforçar o apoio especializado nas escolas e expandir a formação continuada para todos os profissionais envolvidos. O fortalecimento da rede de suporte, bem como a universalização do Atendimento Educacional Especializado – AEE para todas as etapas de ensino, o investimento em infraestrutura e materiais inclusivos, são passos fundamentais para consolidar ainda mais os avanços já conquistados na educação inclusiva em Fortaleza.

REFERÊNCIAS

BRASIL. Lei nº 13.146, de 6 de julho de 2015. **Institui a Lei Brasileira de Inclusão da Pessoa com Deficiência** (Estatuto da Pessoa com Deficiência). Disponível em: http://www.planalto.gov.br/ccivil_03/_ato2015-2018/2015/lei/l13146.htm. Acesso em: 2 mar. 2021.

BRASIL. Ministério da Educação. **Política Nacional de Educação Especial na Perspectiva da Educação Inclusiva.** Brasílica: MEC, 2008. Disponível em: http://revista.redeunida.org.br/ojs/index.php/rede-unida/article/view/3938/980. Acesso em: 5 maio 2024.

FORTALEZA. Secretaria Municipal da Educação. A educação inclusiva da rede municipal de Ensino de Fortaleza: um olhar para todos. Secretaria Municipal da Educação de Fortaleza. Fortaleza: Prefeitura Municipal de Fortaleza, 2023.

IRLANDA. **Departamento de Educação**. Declaração inicial de política de formação de professores. Refletindo sobre uma década de mudanças e criando uma visão de futuro. 2023. Disponível em: https://planipolis.iiep.unesco.org/en/2023/initial-teacher-education-policy-statement-reflecting-decade-change-and-creating-vision-future. Acesso em: 5 maio 2024.

IRLANDA. **Departamento de Educação**. Lei Irlandesa de Educação para pessoas com Necessidades Educacionais Especiais de 2004. Disponível em: https://www.irishstatutebook.ie/eli/2004/act/30/section/2/enacted/en/html#sec2. Acesso em: 5 maio 2024.

MURCHÚ, F. O. Uma janela para dentro da nossa alma: apoiando o professor inclusivo: padrões para a formação inicial de professores na Irlanda. **Saúde em Redes**, [S. l], v. 8, n. 2, 2022. Disponível em: DOI:I10.18310/2446-4813.2022v8n2p395-422. Acesso em: 9 fev. 2024.

SILVA, E. L.; MENEZES, E. M. **Metodologia da pesquisa e elaboração de dissertação.** Programa de Pós Graduação em Engenharia de Produção — Universidade Federal de Santa Catarina, Florianópolis, 2000.

TANNÚS-VALADÃO, G.; MENDES, E. G. Inclusão escolar e o planejamento educacional individualizado: estudo comparativo sobre práticas de planejamento em diferentes países. **Revista Brasileira de Educação**, [S. l.], v. 23, p. e230076, 2018.

UNESCO. United Nations Educational, Scientific and Cultural Organization. **The Salamanca Statement and Framework for Action on Special Needs Education**. Paris, Spain: UNESCO, Ministry of Education, 1994.

ANEXO

CAPÍTULO 6

O CURRÍCULO COMO EIXO NORTEADOR PARA A PROMOÇÃO DA APRENDIZAGEM NA IRLANDA: PERCEPÇÕES DE QUATRO PROFESSORES BRASILEIROS A PARTIR DE UMA IMERSÃO NAS ESCOLAS PÚBLICAS IRLANDESAS

Ana Maria Barreto de Lima
Clauber Nascimento de Sousa
Marizio Alexandre Silva Miranda
Regina Ângela Esteves da Justa Santos

As palavras só têm sentido se nos
ajudam a ver o mundo melhor.
Aprendemos palavras para
melhorar os olhos.
(Ruben Alves)

1. INTRODUÇÃO

A Rede Municipal da Educação de Fortaleza, por meio da SME (Secretaria Municipal de Educação) e através de seu programa de formação continuada, tem ao longo dos últimos dez anos investido em políticas públicas focadas no desenvolvimento das ações de formação docente em consonância com o Plano Nacional da Educação (PNL, 2014) objetivando com isso o alcance de metas relacionadas à qualidade do ensino e da aprendizagem, bem como, a valorização da carreira de seu quadro docente.

Dentre algumas ações estratégicas para esse fim, destacaremos nesse artigo, uma das políticas públicas iniciada em 2023 na SME de Fortaleza denominado programa professores sem fronteiras (PSF) que teve como foco a imersão de professores do ensino básico em países específicos cujo resultados no PISA são destaques, como França, Espanha e Irlanda. Cabe ressaltar, que os professores escolhidos foram selecionados por editais com critérios acadêmicos. A Irlanda sendo um dos países do programa, foi escolhida justamente por ter um sistema educacional reconhecido por sua abordagem abrangente e inclusiva, fundamentada em um currículo flexível que visa o desenvolvimento integral dos estudantes.

Este capítulo tem como propósito a partilha de um grupo de professores sobre suas experiências e percepções acerca da imersão nas escolas públicas da Irlanda e busca analisar a aplicação do currículo como eixo norteador para a promoção da aprendizagem, desse modo, para uma melhor compreensão da experiência desta imersão, cabe aqui um maior detalhamento de como se deu a execução prática do programa realizado no período entre 02 e 17 de dezembro de 2023.

2. PERCURSO METODOLÓGICO

Para contextualizar como se deu a realização do programa professores em fronteiras é importante uma breve descrição das atividades. Um dos requisitos específicos foi a necessidade de um curso preparatório na academia do professor de Fortaleza que teve a coordenação das ações do programa. Esse curso foi fundamental para que os professores participantes pudessem ter uma visão inicial do país a ser visitado, além de orientações práticas para a viagem envolvendo inclusive um contato com a língua inglesa por meio de aulas de conversação. A viagem estava prevista para o ano letivo que havia iniciado há pouco tempo segundo o calendário local.

A cidade de destino foi à cidade de Limerick situada nas margens do Rio Shannon a oeste da República da Irlanda. É considerada como a terceira maior cidade do país, tendo cerca de 94.000 habitantes. Limerick também é uma cidade que tem grande relevância na área da educação, pois na cidade estão centros universitários de pesquisas como a Universidade de Limerick (UL) e de formação de professores como *Mary Immaculation College (MIC)*, além de escolas públicas que são referências por proporem um currículo que valoriza o desenvolvimento de práticas de inclusão, das tecnologias, das ciências e se apresenta aos visitantes com uma forte atmosfera cultural e artística.

O programa de imersão foi estruturado e composto de aulas teóricas com professores da faculdade de educação, bem como visitas para imersão dentro das escolas públicas, objetivando com isso, relacionar práticas e teoria para termos uma melhor e maior compreensão da educação irlandesa, implicando um programa de imersão e formação consistente como afirma Pimenta (2008, p. 24) "[...] a teoria tem importância fundamental na formação dos docentes, pois dota os sujeitos de variados pontos de vista para uma ação contextualizada [...]".

A *Mary Immaculate College (MIC)* é uma instituição de ensino renomada e centenária, responsável pela formação inicial e continuada de professores do ensino básico na Irlanda e tem, em seu corpo docente, vários pesquisadores em ciências da educação. Esse foi o centro de formação docente em que o grupo de brasileiros cursou 15 dias de aulas sobre currículo, aprendizagem, ciências, psicologia, artes e educação na Irlanda.

A imersão ocorreu ao longo de duas semanas, durante as quais os professores brasileiros observaram aulas, participaram de reuniões pedagógicas com gestores escolares, professores e pesquisadores em aulas expositivas e dialogadas, além de palestras, bem como interagiram com alunos e docentes. A análise baseou-se em observações diretas cujo registro eram anotados na plataforma *padlet,* bem como entrevistas com educadores locais e revisão de documentos curriculares tendo como destaque o documento denominado *Aistear* que é justamente o documento oficial de diretrizes Curriculares do ensino básico da Irlanda (NCCA, 2009).

3. ESTRUTURA DO CURRÍCULO IRLANDÊS

Antes de esmiuçar o currículo irlandês é importante destacar um breve recorte histórico da Irlanda permitindo assim uma melhor compreensão dos aspectos filosóficos, políticos e metodológicos que norteiam a proposta curricular irlandesa.

A Irlanda tornou-se um país independente do reino unido em 1921 depois de séculos lutando contra as forças imperiais do Reino Unido, cravando assim sua independência por meio de um tratado denominado Tratado Anglo-Irlandês estabelecendo assim o Estado livre do império britânico e dando início a República da Irlanda.

Patrick Pearse que era professor, ensaísta e poeta foi o líder de um dos movimentos mais importantes do século XX denominado a Rebelião da Páscoa, agindo como uma figura central na luta pela independência da Irlanda. Foi também o percursor e fundador de escolas que ensinavam a língua irlandesa viabilizando a manutenção da cultura ancestral da

Irlanda. Esse movimento e momento histórico marcam uma reconfiguração nos rumos da educação da Irlanda, levando a nova república a sua independência desenhando seus objetivos educacionais para um novo país centrado na sua própria cultura tendo a religião católica como doutrina básica e filosófica (NCCA, 2009).

A partir desse recorte, é possível compreender algumas estratégias políticas da Irlanda na luta pela manutenção da sua cultura, sendo a educação sua maior e mais completa ferramenta de transformação social gerando assim um desenho curricular estruturado e forjado para o alcance de todos os anseios sociais, religiosos, filosóficos e políticos da Irlanda enquanto nação e república independente. Foi nesse contexto que a escola passou a ter a primazia enquanto território do Estado, e ganhou um destaque como espaço de manutenção da tradição cultural irlandesa.

Passado um século da revolução a Irlanda destaca-se hoje por ser uma das economias emergentes na União europeia e tem sido chamada de " Tigre celta" por causa do seu rápido desenvolvimento e do crescimento econômico, sendo a educação altamente valorizada, bem como considerada o pilar central para o desenvolvimento nacional com políticas públicas eficazes. Nesse sentido, o currículo tem um papel fundamental na movimentação da cena educativa, sobretudo no que diz respeito ao seu desenvolvimento por sua flexibilidade e adaptabilidade, permitindo aos professores ajustarem suas práticas conforme as necessidades dos alunos. Além das disciplinas tradicionais, o currículo contempla áreas como artes, educação física e desenvolvimento pessoal e social, promovendo uma formação sistêmica e holística (NCCA, 2009).

Segundo Young (2014) um currículo bem estruturado deve fornecer aos alunos não apenas o conhecimento acadêmico, mas também habilidades e competências que lhes permitam entender e transformar o mundo ao seu redor. Essa compreensão está refletida no currículo irlandês, que está composto tanto do conhecimento disciplinar quanto de habilidades críticas para a vida, como pensamento crítico, resolução de problemas e colaboração. A concepção de alunos como protagonista é também notadamente o cerne da proposta curricular irlandesa, pois segundo o próprio documento oficial de proposta curricular O currículo coloca as crianças no centro da sua aprendizagem e proporciona uma abordagem holística à educação das crianças.

Em consonância com o autor nos reportamos a Dewey que também contribui para essa perspectiva ao enfatizar a importância da educação experiencial. O autor argumenta que a aprendizagem deve ser baseada em experiências práticas que envolvem os alunos de maneira ativa e significativa (DEWEY, 2002). Desse modo, quando vemos, por exemplo, uma pedagogia baseada em projetos interdisciplinares nas escolas irlandesas, onde os alunos são engajados em temas que atravessam várias disciplinas, promovendo uma compreensão mais profunda e integrada dos conteúdos, compreendemos de forma mais clara a teia de um currículo sistêmico.

Para Freire (2014) é fundamental a importância de um currículo que estimule a conscientização crítica. O autor argumenta que a educação deve provocar os alunos aos questionamentos, a problematização e transformação de suas realidades sociais. A abordagem irlandesa, que foca nas habilidades para a vida e nos aspectos de desenvolvimento pessoal e social, dialoga com os argumentos de Freire sobre uma educação emancipadora e transformadora.

No contexto de análise a partir da imersão nas escolas públicas da Irlanda, alguns pontos de foco de revisão do documento curricular nos chamou a atenção, portanto são aqui apresentados como princípios entrelaçados a suas práticas pedagógicas de aprendizagem e avaliação, tais como:

- Educação inclusiva e diversidade
- Engajamento e participação
- Avaliação e progressão
- Transições e continuidade
- Relacionamentos

Pensamos nesses pontos como fundamentais para uma educação de qualidade e refletiremos sobre eles a partir das práticas pedagógicas.

4. PRÁTICAS PEDAGÓGICAS

"Os professores precisam reconhecer a importância do contexto social na construção do conhecimento e adaptar suas práticas pedagógicas para atender às necessidades específicas de seus alunos." (TARDIF, 2019).

Na experiência vivida nesta imersão, diversas práticas pedagógicas inovadoras foram percebidas no contexto das escolas públicas irlandesas, dentre as quais podemos destacar a pedagogia de projetos por meio dos projetos interdisciplinares que foram apresentados por professores dos diferentes segmentos de ensino no decorrer das visitas, demonstrando assim um forte engajamento dos alunos em temas que atravessam múltiplas disciplinas, promovendo assim, a aprendizagem de diversos conteúdos a partir de uma visão prática e reflexiva, ou seja, confirmando assim que a prática reflexiva é essencial para a construção de um currículo que seja significativo para os alunos (PIMENTA, 2017).

Nesse sentido, foi possível perceber que as crianças são ativas e demonstram ter autonomia, um processo de aprendizagem significativa e a capacidade de agir de forma independente, fazendo escolhas sobre a construção do seu aprendizado. As experiências vivenciadas a partir de um currículo que prevê práticas inovadoras proporciona-lhes a oportunidade de tomar decisões, desenvolver a criatividade e a cultura da corresponsabilização como afirma Saviani (2008, p. 118): "O desenvolvimento de um currículo voltado para a formação integral do estudante requer a integração de diferentes áreas do conhecimento, promovendo uma aprendizagem significativa."

Outro aspecto que se destaca na perspectiva das diretrizes curriculares da Irlanda é a concepção de aprendizagem, pois na escola irlandesa a aprendizagem é compreendida como um processo sistêmico, construído numa perspectiva singularizada respeitando as etapas de desenvolvimento de cada sujeito com a valorização de seus conhecimentos prévios. Essa compreensão pode ser fundamentada pelo argumento de Saviani (2020, p. 89) quando afirma que: "A aprendizagem é um processo histórico e social, onde a prática educativa deve ser analisada à luz das relações sociais e das condições materiais de existência".

Desse modo, é possível afirmar que na Irlanda a aprendizagem é constituída a partir das mais diversas experiências ao longo da vida e tendo a escola como contexto e espaço de integração de múltiplas aprendizagens, nesse sentido "A concepção de aprendizagem deve integrar as dimensões sociais e culturais, reconhecendo que o contexto influencia profundamente o processo educativo" (NÓVOA, 2017, p. 45).

Entrelaçado ao processo de aprendizagem a avaliação é compreendida de forma democrática e como elo fundamental formando essa tríade currículo, avaliação e aprendizagem na educação irlandesa. Todo o processo de formação contínua dos professores contempla o alcance de uma cultura de prática docente direcionada para esta compressão, considerando que a avaliação contínua e formativa desempenha um papel central no acompanhamento sistemático dos alunos e, nesse sentido, a avaliação formativa é uma prática que visa acompanhar o processo de aprendizagem do aluno, proporcionando feedbacks constantes que o auxiliem a progredir (MENDES; COSTA; FERNANDES, 2009).

Por essa razão, ao invés de depender exclusivamente de exames finais, os alunos são avaliados ao longo do ano por meio de apresentações, trabalhos e autoavaliações. Esse modelo de avaliação possibilita um acompanhamento mais criterioso do desenvolvimento de cada aluno, bem como promove um ambiente de aprendizagem democrático, participativo e menos desgastante. Nesse sentido, constatamos que a avaliação nas escolas públicas da Irlanda é um processo complexo que prima por uma avaliação significativa e colaborativa, sendo essencial para a aprendizagem e o ensino de alta qualidade, sobretudo porque envolve alunos, professores, pais e a comunidade, bem como fornece informações que melhoram o ensino e informam, apoiam a progressão na aprendizagem das crianças ao longo das etapas de ensino.

A inclusão de alunos com deficiência é outro destaque no sistema educacional irlandês. As escolas dispõem de assistentes educacionais e programas de apoio individualizados e garantem a igualdade de oportunidades para todos os alunos. Esse nível de dedicação e recursos destinados à inclusão impressionou os professores brasileiros e é um modelo a ser considerado para outros contextos. A educação inclusiva proporciona a igualdade de oportunidades e participação na aprendizagem das crianças. A educação inclusiva celebra a diversidade e responde à singularidade de cada criança como afirma Carvalho, (2012, p. 48): "A escola inclusiva é aquela que se adapta as necessidades dos alunos, e não o contrário, promovendo uma educação que respeite as diferenças e valorize a diversidade."

Vygotsky (2012) enfatiza a importância do suporte social na aprendizagem. Sua proposta e conceito de "zona de desenvolvimento proximal" sugere que os alunos aprendem melhor quando recebem suporte adequado para realizarem tarefas além de suas capacidades independentes. Nesse sentido, vimos aqui sua teoria evidente nas práticas inclusivas das escolas irlandesas, onde o suporte individualizado é fornecido para garantir que todos os alunos possam alcançar seu potencial máximo, sobretudo valorizando a importância do outro quanto às relações de afeto, empatia e solidariedade amarradas ao que o currículo denomina de *Wellbeing* (literalmente significando bem-estar), o que na prática significa que dentro da comunidade escolar têm um impacto positivo no desenvolvimento socioemocional das crianças, na motivação e na aprendizagem.

Compreende-se, portanto que o papel do professor é fundamental como aquele que planeja abordagens e estratégias pedagógicas adequadas e baseadas em evidências para promover o envolvimento, a apropriação e os desafios necessários ao desenvolvimento das crianças. Essas abordagens e estratégias pedagógicas ligam-se à experiência de vida, às circunstâncias, aos pontos fortes e aos interesses dos estudantes.

5. RESULTADOS E DISCUSSÃO

O processo de formação continuada é fundamental para a construção e desenvolvimento da profissionalidade e identidade dos professores, sobretudo dos professores que refletem sobre suas práticas como afirma Tardif (2019). A profissionalidade docente é definida pela integração de saberes experienciais, curriculares e disciplinares, que se articulam no cotidiano da prática educativa e na interação com os alunos.

Em consonância com Nóvoa (2009, p. 72) que afirma: "A identidade dos professores não é algo que se possui, mas algo que se constrói ao longo da carreira, num processo de interação entre a experiência pessoal e os contextos institucionais." A partir das contribuições desses dois autores e pesquisadores da educação, é possível afirmar que uma experiência como esta de mergulhar no dia a dia das escolas públicas da Irlanda conhecendo sua realidade, conhecendo seu contexto político-pedagógico, proporcionou além de experiências reflexivas sobre as práticas, principalmente em relação a uma perspectiva de comparação entre a realidade brasileira e a realidade irlandesa, bem como um ganho de repertório cultural por tratar-se de uma imersão que sob todos os aspectos é completamente diferente da realidade em que os professores brasileiros vivem e trabalham favorecendo assim a construção da identidade e da profissionalidade do grupo de docentes participantes deste intercâmbio.

É possível afirmar, que os professores brasileiros identificaram a riqueza do currículo irlandês, bem como sua flexibilidade como um dos fatores principais que desembocam na qualidade do ensino e da valorização dos professores e da carreira docente. Ressalta-se a estrutura do currículo que integra disciplinas com ênfase na construção de habilidades para a vida, refletindo numa abordagem que possibilita aos alunos enfrentarem diferentes tipos de situações problemas, superando os desafios da vida fora dos muros da escola.

Outro aspecto de reflexão prática sobre a imersão na Irlanda, foi a percepção do grupo de brasileiros sobre a importância de manutenção da cultura irlandesa por meio de um currículo estruturado que contempla o ensino da língua dos povos ancestrais com professores selecionados especificamente com domínio dos dois idiomas, inglês e irlandês, confirmando assim a visão de um currículo que valoriza os aspectos históricos e as tradições como heranças culturais atreladas ao próprio ensino formal escolar, ou seja, dentro da própria escola pública, a língua irlandesa é o meio materializado de manutenção da herança cultural.

Nesse sentido, é possível afirmar que o que foi apreendido nesse processo de imersão foi a compreensão de que a Irlanda tem como base de seu currículo escolar a língua como elemento imaterial de valorização da sua cultura e ancestralidade, o que levou o grupo de brasileiros a refletir a sobre a sua própria história e todo o significado de abandono e perdas de seu repertório ancestral.

É possível afirmar também que em relação às práticas de avaliação nas escolas públicas da Irlanda, que se destaca por ser uma prática de avaliação contínua atrelada à perspectiva da inclusão e do respeito e valorização da diversidade, possibilitou ao grupo de brasileiros uma reflexão ainda mais profunda sobre essa relação complexa e provocadora que é justamente perspectivar a teoria na prática e a prática na teoria, ou seja, um reflexão capaz de potencializar a luta pelos direitos dos estudantes a políticas públicas de avaliação e inclusão que são ofertadas pelos documentos oficiais brasileiros e que por outros motivos externos a competência do professorado nem sempre são oportunizados.

O processo de avaliação não deve ser encerrado em um único momento. Ela pode desempenhar um papel formativo para aprimorar o aprendizado, permitindo a formulação de avaliações sobre quais fases dos objetos de conhecimento, habilidades e atitudes foram ou não assimiladas. Com base nos resultados, auxiliar no planejamento de estratégias de intervenção para que os alunos alcancem as aprendizagens almejadas (CEARÁ, 2019).

Analisando de forma comparada Irlanda e Fortaleza, é possível afirmar que há alguns entraves em relação às práticas de avaliação, que por sua vez, interferem diretamente nos resultados sobre a aprendizagem em Fortaleza, sendo um dos principais obstáculos o número de alunos por turma, visto que na Irlanda em geral as turmas têm um número de alunos bem menor em relação ao município de Fortaleza. Esse aspecto colabora para que o atendimento e acompanhamento mais individualizado seja prejudicado em nossa realidade. Apesar disso, foi possível constatar que em relação as diretrizes e os fundamentos epistemológicos que concernem a avaliação da aprendizagem, a rede municipal de ensino de Fortaleza defende os mesmos princípios filosóficos e pedagógicos das escolas públicas da Irlanda.

6. CONSIDERAÇÕES FINAIS

A experiência vivida por meio desta imersão nas escolas públicas de Limerick proporcionou aos professores brasileiros uma complexa compreensão do currículo como eixo no desenvolvimento e promoção da aprendizagem. As práticas docentes inovadoras, bem como o processo de avaliação contínua e a ênfase na inclusão, são elementos que dão relevância significativa para o sucesso da Irlanda nos resultados de testes e avaliações externas inspirando assim a equipe brasileira de professores visitantes.

É possível afirmar que as percepções dos professores brasileiros sobre a experiência da imersão favoreceu a aprendizagem de um conjunto de saberes que resultarão em mudanças de práticas docentes, pois o impacto da imersão reverbera também num conjunto de fatores mobilizadores da formação que são inerentes ao bem estar do professor enquanto pessoa, ou seja, implicando numa rede de sentimentos de conquista, de satisfação e contentamento pela valorização dada a categoria docente, sobretudo por ter sido um programa pautado numa imersão intercultural, tendo o professor como protagonismo dessa experiência, pois como afirma Nóvoa (2017) o docente não é simplesmente um especialista em educação, ele é um indivíduo com sentimentos, emoções e subjetividades que impactam diretamente na sua prática pedagógica e na sua interação com os estudantes.

A partir desta perspectiva, é possível afirmar que experiências como estas reverberam de forma potente em práticas de participação colaborativa por parte destes professores em situações de construção de projetos que trarão inovações para as suas respectivas salas de aulas, ou seja, projetos compartilhados entre os professores contemplados no programa professores sem fronteiras inspirados por diversas práticas percebidas e contempladas no modelo do currículo irlandês.

Ressalta-se o impacto socioafetivo de cada professor, não apenas pelo vivido nesta imersão, mas com tudo o que foi possível experienciar por meio de uma viagem intercultural tão completa e complexa como esta, como também pela visão de compreender o professor como sujeito em desenvolvimento, com anseios culturais, pois reconhecer o professor como pessoa é fundamental para entender suas práticas educativas e seu papel na formação dos alunos.

A experiência da viagem proporcionou não somente as trocas e partilhas dos múltiplos olhares pelo grupo de visitantes, como permitiu ao grupo fazer uma análise do que foi vivido numa perspectiva de educação comparada, a partir de um mergulho intercultural promovido por essa política pública arrojada e extraordinária que marca essa gestão da secretaria de educação de fortaleza como uma gestão inovadora e potente na consolidação e valorização da carreira do magistério de nosso município.

REFERÊNCIAS

BRASIL. **Lei n. 13.005, de 25 de junho de 2014**. Aprova o Plano Nacional de Educação – PNE e dá outras providências. Diário Oficial da União, Brasília, DF., 26 jun. 2014.

CARVALHO, R. E. **Escola Inclusiva:** a reorganização do trabalho pedagógico. 5. ed. Porto Alegre: Mediação, 2012.

CEARÁ. Governo do Estado do Ceará/Secretaria de Educação do Estado do Ceará. **Documento Curricular Referencial do Ceará:** Educação Infantil e Ensino Fundamental. Versão Lançamento Virtual (Provisória). Fortaleza: SEDUC, 2019. Disponível em: Acesso em: 21 nov. 2019.

DEWEY, J. **A escola e a sociedade e a criança e o currículo**. Tradução de Paulo Faria. Lisboa, Portugal: Relógio D'água, 2002.

FREIRE, Paulo. **Pedagogia da Autonomia:** Saberes Necessários à Prática Educativa. São Paulo: Paz e Terra, 2014.

MENDES, O. M.; COSTA, S. F. P.; FERNANDES, Domingos. Avaliar para aprender: fundamentos, práticas e políticas. São Paulo: UNESP, 2009. Avaliação Formativa Alternativa: novos caminhos, novas aprendizagens. **Revista Educação e Políticas em Debate**, *[S. l.]*, v. 7, n. 2, p. 367-373.

NCCA. National Council for Curriculum and Assessment. **Aistear: the Early Childhood Curriculum Framework**. National Council for Curriculum and Assessment 24 Merrion Square. Dublin, 2009.

NÓVOA, António. Firmar a posição como professor, afirmar a profissão docente. **Cadernos de Pesquisa**, *[S. l.]*, v. 47, n. 166, p. 1106-1133, 2017.

NÓVOA, Antônio. **Professores**: Imagens do futuro presente. Editora: Educa, 2009.

PIMENTA, Selma Garrido. **Docência no Ensino Superior**. São Paulo: Cortez, 2017.

SAVIANI, Dermeval. **Escola e Democracia:** Teoria e Prática. Campinas: Autores Associados, 2020.

SAVIANI, Dermeval. **História das Ideias Pedagógicas no Brasil.** Campinas: Autores Associados, 2008.

TARDIF, Maurice. **Saberes Docentes e Formação Profissional**. Petrópolis: Vozes, 2019.

VYGOTSKY, L. S. A aprendizagem e desenvolvimento intelectual na idade escolar. *In:* VYGOTSKY, L. S.; LURIA, A. R.; LEONTIEV, A. N. **Linguagem, desenvolvimento e aprendizagem**. 12. ed. São Paulo: Editora Ícone, 2012. p. 103-117.

YOUNG, M. F. D. Teoria do currículo: o que é e por que é importante. **Cadernos de Pesquisa**, São Paulo, v. 44, n. 151, p. 190-202, mar. 2014.

ANEXO

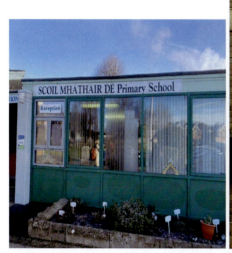

CAPÍTULO 7

EDUCAÇÃO E TECNOLOGIA DIGITAL: UM PARALELO ENTRE FORTALEZA E A IRLANDA

Sherida Ferreira Pinheiro de Mesquita
Magno dos Santos Gomes

Não há aprendizagem mais difícil que manter a coragem, renovar-se a cada dia e buscar entusiasmo nos desafios de cada hora.
(Celso Antunes)

1. INTRODUÇÃO

Desde a disseminação da internet e, consequentemente a sua popularização nos espaços escolares, percebemos que a educação vem passando por uma transformação significativa, impulsionada pelo avanço contínuo da tecnologia digital. Essa evolução tem proporcionado uma série de benefícios e oportunidades para alunos e professores, criando um ambiente de aprendizado mais dinâmico e interativo.

A incorporação da tecnologia digital na educação está transformando a forma como o conhecimento é transmitido e assimilado. Tradicionalmente, o modelo educacional baseava-se em uma abordagem centrada no professor, em que este era a principal fonte de informação e o aluno desempenhava um papel passivo (FREIRE, 1996). Com o advento das novas tecnologias, essa dinâmica está sendo reconfigurada. Atualmente, os estudantes têm acesso a uma vasta gama de recursos digitais que permitem um aprendizado mais autônomo e personalizado. Ferramentas como plataformas de *e-learning*, aplicativos educacionais e recursos multimídia interativos possibilitam que os alunos aprendam no seu próprio ritmo e de acordo com seus próprios interesses.

No entanto, como as escolas estão se preparando para incorporar as tecnologias digitais nas salas de aula? Como está ocorrendo a formação dos professores para a incorporação das tecnologias digitais em suas práticas pedagógicas? Como as redes de educação estão se estruturando para oferecer todo o suporte tecnológico necessário?

Este artigo tem como objetivo apresentar como as tecnologias digitais estão sendo implementadas nas escolas, realizando um paralelo entre as escolas municipais de Fortaleza e da Irlanda. Esse estudo se deu a partir das observações, anotações e pesquisas realizadas durante o intercâmbio educacional promovido pela Secretaria Municipal da Educação (SME) para *Limerick*, na Irlanda, em dezembro de 2023. Ressaltamos que o Curso de Desenvolvimento Profissional em Educação ofertado pela *Mary Immaculate College (MIC)* foi de fundamental importância para que pudéssemos conhecer a realidade da educação nas escolas da Irlanda.

Durante a vivência do intercâmbio, visualizamos a diversificação do aparato tecnológico utilizados na sala de aula pelos professores irlandeses e nos questionamos do porquê essa realidade ainda está tão distante das nossas salas de aula no Brasil. Contudo, percebemos que com todo suporte tecnológico disponível, ainda assim, não há uma prática consolidada do uso da tecnologia digital durante a prática pedagógica.

2. TECNOLOGIA E EDUCAÇÃO NA SALA DE AULA

Nos últimos anos, o cenário de desenvolvimento da tecnologia digital educacional se deu a partir da utilização de equipamentos tecnológicos. *Tablets*, *notebooks*, *smartphones* e lousas digitais tornaram-se ferramentas comuns no ambiente educacional, permitindo que os professores incorporassem recursos multimídias em suas aulas. Essa popularização de dispositivos tecnológicos facilitou o acesso a uma vasta gama de materiais didáticos digitais, tais como: vídeos educativos, simulações interativas e plataformas de aprendizado online. Além disso, a conectividade à internet possibilitou que alunos e professores se conectassem com informações atualizadas e recursos globais, ampliando significativamente o escopo do aprendizado dentro e fora da sala de aula.

Essa apropriação na educação emerge como uma maneira de revolucionar o ensino e as metodologias tradicionais, oferecendo novas formas de engajar os alunos. Conforme Kenski (2012, p. 44) "a presença de uma determinada tecnologia pode induzir profundas mudanças na maneira de organizar o ensino". As aulas, que antes se baseavam predominantemente em livros didáticos e palestras expositivas, agora podem incluir atividades interativas, jogos educativos e projetos colaborativos realizados em ambientes virtuais.

Essa transformação tecnológica também impõe um novo conjunto de responsabilidades e desafios para os educadores. O professor, além de ser o mediador do conhecimento, precisa se atualizar constantemente e dominar as novas ferramentas tecnológicas para integrá-las efetivamente em suas práticas pedagógicas (MORAN, 2009). A formação continuada e o desenvolvimento profissional são essenciais para capacitar os professores a utilizarem essas tecnologias de maneira eficaz e segura. Além disso, é fundamental garantir que todos os alunos tenham acesso igualitário a esses recursos tecnológicos, combatendo a desigualdade digital e promovendo uma educação inclusiva e de qualidade para todos. A integração bem-sucedida da tecnologia na educação, portanto, depende de um esforço conjunto de instituições educacionais, governos e comunidades para criar um ambiente de aprendizado moderno, acessível e inovador.

2.1. O uso de tecnologia digital em Fortaleza

A inserção da tecnologia digital nas escolas tem se revelado uma estratégia crucial para transformar o ensino e a aprendizagem. Para que essa modificação seja eficaz, é fundamental promover a alfabetização tecnológica e o letramento digital. Isso inclui tornar as tecnologias e as informações digitais mais acessíveis e proporcionar oportunidades para a inclusão digital de todos os alunos. Assim como está previsto na BNCC, o desenvolvimento de competências e habilidades relacionadas ao uso crítico e responsável das tecnologias digitais deve ocorrer de duas formas: de maneira transversal e direcionada (BRASIL, 2018). Desenvolvendo assim, a competência geral 5:

> Compreender, utilizar e criar tecnologias digitais de informação e comunicação de forma crítica, significativa, reflexiva e ética nas diversas práticas sociais (incluindo as escolares) para se comunicar, acessar e disseminar informações, produzir conhecimentos, resolver problemas e exercer protagonismo e autoria na vida pessoal e coletiva. (BNCC, 2018).

Nesse contexto, a SME Fortaleza, implementou o projeto das salas de inovação educacional, que são espaços privilegiados para a integração de recursos tecnológicos, promovendo uma nova dinâmica de ensino que valoriza a criatividade, a colaboração e o protagonismo dos alunos. As salas de inovação foram introduzidas na rede municipal de ensino de

Fortaleza como parte de uma política pública de inovação educacional, que visa modernizar a prática pedagógica e preparar os estudantes para os desafios do século XXI. Segundo Fortaleza (2022), as salas de inovação surgiram a partir de uma experiência piloto desenvolvida na Escola Municipal de Tempo Integral Nossa Senhora de Fátima.

O protótipo consistiu na implantação de uma sala ambientada para o desenvolvimento de trabalho em pequenos grupos, decorada para o público jovem, com equipamentos de última geração, 30 *chromebooks*, 01 lousa digital interativa, 01 impressora 3D e 01 aparelho de TV LCD. As ferramentas e aplicativos do *Google For Education, G-Suite* e demais programas pedagógicos da plataforma educacional da Google foram disponibilizados para uso em atividades curriculares, envolvendo professores, gestores e alunos.

Desde a experiência piloto em 70 unidades escolares, o projeto tem se expandido, com a meta de alcançar 200 escolas até o final de 2022. Um dos principais objetivos das salas de inovação é promover a inserção e a integração das Tecnologias Digitais de Informação e Comunicação (TDIC) ao currículo escolar (Fortaleza, 2022). Isso não apenas potencializa a aprendizagem, mas também estimula o protagonismo e a autonomia dos alunos. Os estudantes têm a oportunidade de desenvolver habilidades essenciais, como o pensamento crítico, a resolução de problemas e a criatividade. Essas competências são cada vez mais valorizadas no mercado de trabalho e na vida cotidiana, tornando-se indispensáveis para o futuro dos jovens.

Além disso, as salas de inovação educacional oferecem um espaço onde os professores podem experimentar novas metodologias de ensino e aprender a utilizar diferentes recursos educacionais. A formação continuada dos educadores é um aspecto crucial desse processo, pois é por meio dela que os docentes se sentem mais seguros e preparados para integrar a tecnologia em suas práticas pedagógicas. A Secretaria Municipal da Educação de Fortaleza tem investido em capacitações e formações específicas, garantindo que os professores estejam aptos a explorar todo o potencial das ferramentas digitais disponíveis.

Outro ponto importante a ser destacado é a criação de um ambiente de aprendizagem que valoriza a diversidade e a inclusão. As salas de inovação são projetadas para atender a diferentes estilos de aprendizagem, permitindo que cada aluno encontre a melhor forma de se desenvolver. Essa abordagem personalizada é fundamental para garantir que todos os estudantes, independentemente de suas habilidades ou dificuldades, tenham a oportunidade de aprender e se destacar.

A cultura digital, que é um dos pilares dessa iniciativa, vai além do simples uso de tecnologias. Ela envolve a construção de uma nova compreensão, em que a tecnologia é vista como uma aliada no processo educativo. É preciso romper com a visão de que a tecnologia é apenas um recurso recreativo ou um meio de instrução mecânica. A proposta é que a tecnologia seja utilizada de forma crítica e reflexiva, promovendo a exploração, a pesquisa e a criação. Nesse sentido, as salas de inovação se tornam um laboratório de ideias, onde os alunos podem experimentar, errar e aprender com seus erros, desenvolvendo uma mentalidade inovadora.

A experiência das salas de inovação em Fortaleza também tem mostrado que a colaboração entre alunos, professores e a comunidade escolar é essencial para o sucesso do projeto. A participação ativa de todos os envolvidos é fundamental para a construção de um ambiente de aprendizagem dinâmico e enriquecedor. As escolas têm promovido eventos, *workshops* e projetos interdisciplinares que envolvem a comunidade, fortalecendo os laços entre a escola e o entorno. Essa interação não apenas enriquece o aprendizado, mas também contribui para a formação de cidadãos mais conscientes e engajados.

É importante ressaltar que a implementação das salas de inovação educacional não é um fim em si mesmo, mas sim o início de um processo contínuo de transformação. A cultura digital e a utilização de recursos tecnológicos na educação são um caminho em constante construção, que requer a colaboração de todos os atores envolvidos: a Secretaria da Educação, as escolas, os profissionais de educação, os alunos e as famílias. A responsabilidade pela inovação educacional é coletiva, e todos têm um papel a desempenhar nesse processo.

Nesse sentido, as salas de inovação educacional em Fortaleza representam uma oportunidade única de repensar a educação e de preparar os estudantes para um futuro que exige habilidades cada vez mais complexas. Ao integrar tecnologias digitais ao currículo, promover a formação contínua dos educadores e valorizar a colaboração e a inclusão, Fortaleza se posiciona na vanguarda da inovação educacional no Brasil. A transformação da educação é um desafio que requer coragem, criatividade e comprometimento, e as salas de inovação são um passo significativo nessa direção. Com elas, estamos não apenas equipando nossas escolas com tecnologia, mas também preparando nossos alunos para serem protagonistas de suas próprias histórias, capazes de enfrentar os desafios do mundo contemporâneo com confiança e competência.

3. O CENÁRIO ATUAL DA EDUCAÇÃO TECNOLÓGICA DA IRLANDA

A educação tecnológica da Irlanda evoluiu significativamente na última década, com uma ênfase crescente no letramento digital e pensamento computacional. A introdução da estratégia digital para as escolas em 2015, lançou as bases para a integração da tecnologia em todos os níveis de ensino, do primário ao superior.

Iniciativas como o *Digital Learning Framework*, que possibilita acessar ferramentas como o *Digital Learning Planning Cycle* que possui 6 passos para escolas e professores melhorarem suas práticas de ensino em Educação à Distância e o *Computer Science Leaving Certificate* têm como objetivo fornecer aos alunos as competências necessárias para uma aprendizagem próspera no mundo digital.

Para um uso tecnológico eficaz existem algumas estratégias, como por exemplo:

a. Integração do Currículo

Pesquisas recentes apontam que a integração da tecnologia em várias disciplinas melhora o resultado da aprendizagem (JONES, 2018; SMITH; BROWN, 2020). Os professores podem incorporar ferramentas e recursos tecnológicos para tornar o aprendizado mais interativo e envolvente. Por exemplo, o uso de aplicativos educacionais para matemática ou a realização de experimentos científicos virtuais pode aprofundar a compreensão dos conceitos pelos alunos.

b. Aprendizagem na Prática

Oferecer experiências práticas de aprendizagem é crucial para desenvolver as habilidades tecnológicas dos alunos. Aprendizagem baseada em projetos como clubes de robótica, *workshops* de codificação são formas eficazes de envolver os alunos em cenários de resolução de problemas do mundo real, promovendo a criatividade e inovação (KEY; GREENHILL, 2019).

c. Desenvolvimento Profissional para Professores

É essencial fornecer aos professores conhecimentos e competências para a integração de forma eficaz da tecnologia na sua prática de ensino.

Cursos de formação continuada, *workshops*, cursos online podem capacitar os educadores para se manterem atualizados sobre os avanços tecnológicos e estratégias pedagógicas (ERTMER *et al.*, 2019).

3.1. Desafios da Educação Tecnológica

Um dos primeiros desafios a serem enfrentados é a exclusão digital. Apesar dos esforços para promover a inclusão digital, persistem disparidades no acesso à tecnologia, principalmente entre estudantes oriundos de locais e famílias menos favorecidas. Esta é uma realidade mundial com acentuação em alguns países.

Enfrentar a exclusão digital requer intervenções específicas, como o fornecimento de acesso a dispositivos como computadores ou celulares e boa infraestrutura para a conectividade à internet para assim garantir a equidade nas oportunidades de aprendizagem melhoradas pela tecnologia (DiMAGGIO *et al.*, 2021).

Um segundo desafio que se apresenta para a educação tecnológica é a resistência dos professores, que freiam a introdução da tecnologia na sua prática pedagógica devido ao medo da mudança ou à falta de confiança nas suas próprias capacidades tecnológicas (KAY, 2006). Superar a resistência dos educadores requer apoio contínuo, treinamento e capacitação de uma cultura tecnológica trabalhando a experimentação e a colaboração entre os pares.

E por último, existe a preocupação com a privacidade e a segurança dos dados *online*, pois à medida que a tecnologia se torna mais onipresente em meios educacionais essas preocupações surgem visto os inúmeros casos de ações de *hackers* e até vendas de informações para gerar publicidade direcionada a determinados mercados. Proteger as informações dos alunos e garantir a conformidade com os regulamentos de segurança de dados são fundamentais para a manutenção da confiança e dos padrões éticos em ambientes de aprendizagem com tecnologia aprimorada.

3.2. Letramento Digital na Irlanda

Como muitos países do mundo, a República da Irlanda possui uma grande preocupação com as novas gerações e o impacto que as mídias digitais e as novas tecnologias possam causar na saúde dos novos cidadãos que fazem parte da geração digital. Por conta disso, a Irlanda, juntamente com outros países do bloco europeu, elaboraram um documento curricular que norteia o ensino da tecnologia, baseado em estudos feitos por 10 anos antes da sua elaboração.

O CIDREE (2023), ou "*Consortium of Institutions for Development and Research in Education in Europe*" (Consórcio de Instituições para o Desenvolvimento e Pesquisa em Educação na Europa) é um documento de fácil acesso na internet e fornece um plano de ação sobre as práticas de ensino nas Tecnologias da Informação (TI), aprendizagem e avaliação nas escolas primárias e pós-primárias da Irlanda através de quatro temas centrais: o Ensino, aprendizagem e avaliação usando a TI; a Aprendizagem profissional de professores; Liderança, pesquisa e política, e Infraestrutura das TI's.

O letramento digital é trabalhado em ciclos. No Ciclo Júnior, para alunos de 12 a 15 anos de idade, são estimulados diversos elementos que vão desde o autogerenciamento com o uso da tecnologia digital, o bem-estar promovendo segurança, responsabilidade e ética no uso com as redes sociais, o gerenciamento da informação e o pensamento crítico. Também são abordados o trabalho com o pensamento matemático, a criatividade, a socialização, a comunicação e a literatura.

Os professores recebem cursos de formação no assunto, previsto pelo documento, materiais didáticos, *e-books* e diversos recursos multimídia para contribuir para o seu desenvolvimento profissional (CIDREE, 2023).

CONSIDERAÇÕES FINAIS

Considerando o grande aporte financeiro que a Irlanda recebeu durante a sua entrada na União Europeia (UE) e o investimento em tecnologias educacionais e digitais, hoje a Irlanda é uma potência tecnológica em crescimento, sendo a sede de muitas das principais empresas de tecnologia do mundo. Isso oferece a todos uma visão privilegiada de como a educação pode se conectar diretamente com as demandas do mercado de trabalho global, especialmente no que diz respeito ao ensino de competências digitais e à formação de alunos preparados para o futuro.

Fortaleza demonstra estar se preparando para seguir os mesmos passos, sendo resguardadas as diferenças culturais e históricas com a Irlanda. Investimentos na formação de professores, nas estruturas físicas escolares e composição de currículo próprio como o DCRFor - Documento Curricular Referencial de Fortaleza (FORTALEZA, 2024) em que apresenta as diretrizes que orientam o planejamento curricular das escolas considerando os contextos diversos nos quais as unidades escolares estão inseridas, vêm mudando de modo positivo a realidade educacional de Fortaleza, sendo comprovado pelos resultados nas avaliações oficiais do sistema de ensino.

Desse modo, Fortaleza tende a seguir com êxito nas conquistas do sucesso de oferecer uma educação gratuita, de qualidade e equidade, focando no desenvolvimento integral dos estudantes e, com isso, reverberando em todas as outras áreas sociais, tornando a cidade mais justa, segura e desenvolvida.

REFERÊNCIAS

BRASIL. Ministério da Educação. **Base Nacional Comum Curricular**. Brasília, 2018.

CIDREE, 2023. Disponível em: www.cidree.org. Acesso em: 9 mar. 2024.

DIMAGGIO, P.; HARGITTAI, E.; CELESTE, C.; SHAFER, S. From Unequal Access to Differentiated Use: A Literature Review and Agenda for Research on Digital Inequality. *In:* **Annual Review of Sociology**, 2021.

ERTMER, P. A.; OTTENBREIT-LEFTWICH, A. T.; SADIK, O.; SENDURUR, E.; SENDURUR, P. **Teacher beliefs and technology integration practices**: A critical relationship. Computers & Education, 2019.

FORTALEZA. **Documento Curricular Referencial de Fortaleza** (DCRFor). Incluir, educar e transformar. Org.: Mirna Façanha da Silva Araújo, Marlúcia Delfino Amaral. Rio de Janeiro: Fundação Getúlio Vargas, 2024. v. 1.

FORTALEZA. Secretaria Municipal da Educação. **Guia de orientação para o desenvolvimento de cultura digital e utilização de recursos tecnológicos na escola** / Secretaria Municipal da Educação; Academia do Professor Darcy Ribeiro; Célula de Inovação e Tecnologias Educacionais. Fortaleza: SME, 2022.

FREIRE, Paulo. **Pedagogia da Autonomia**. São Paulo, SP: Paz e Terra, 1996.

JONES, K. *et al.* **The Digital Learning Framework**: A guide to embedding digital literacy in schools. National Council for Curriculum and Assessment, 2018.

KAY, R. Evaluating strategies used to incorporate technology into preservice education: A review of the literature. **Journal of Research on Technology in Education**, [S. l.], v. 38, n. 4, p. 383-408, 2006.

KAY, R.; GREENHILL, V. Technologies that support next-generation project-based learning. *In:* GRAZIANO, K. (ed.). **The Technology Fix.** Springer, 2019. p. 51-73.

KENSKI, V. M. **Educação e tecnologias:** o novo ritmo da informação. Campinas: Editora Papirus, 2012.

MORAN, J. M. **Novas tecnologias e mediação pedagógica**. Coleção Papirus Educação. 16. ed. Papirus: Campinas, 2009.

ANEXO

PARTE II:

CARTA ABERTA AOS PROFESSORES DA REDE MUNICIPAL DE ENSINO DE FORTALEZA: REFLEXÕES DA EXPERIÊNCIA NA IRLANDA PARA O FORTALECIMENTO EDUCACIONAL NO NOSSO MUNICÍPIO

Prof. Paulo Gabriel Lima da Rocha

CEI – Rocha Lima

Prezados colegas professores da rede municipal de ensino de Fortaleza,

Nós, que tivemos a oportunidade enriquecedora de participar de um intercâmbio na Irlanda, sentimos a necessidade de compartilhar nossas impressões e sentimentos por meio desta carta aberta. Inspirados pela nobre missão de ensinar, queremos expressar como essa experiência nos ajudou a refletir profundamente sobre a nossa educação municipal e a vislumbrar estratégias educacionais transformadoras para a nossa região.

Essa experiência foi transformadora e nos proporcionou um olhar aprofundado sobre práticas pedagógicas inovadoras, a integração de tecnologias no ensino, e abordagens centradas no aluno que podem ser altamente benéficas para nossa realidade. Reconhecendo a importância da colaboração e do compartilhamento de conhecimento é que escrevemos esta carta coletiva. Nosso objetivo é dividir com todos vocês os aprendizados e as experiências adquiridas durante este intercâmbio, destacando como essas novas perspectivas podem ser aplicadas em nossas salas de aula em Fortaleza - Ceará.

Acreditamos que a educação é um campo que floresce através do intercâmbio de ideias e práticas. Através desta carta, desejamos inspirar e incentivar cada um de vocês a incorporar novas estratégias em suas práticas diárias, sempre com o objetivo de proporcionar uma educação mais rica e significativa para nossos alunos.

Estamos convencidos de que, juntos, podemos criar um ambiente de aprendizado ainda mais positivo e eficaz. Contamos com a colaboração e o entusiasmo de todos para que possamos, coletivamente, elevar a qualidade da educação em nossa região.

Com apreço,
Prof. Gabriel Rocha

Prof.ª Maria José Gonçalves Bernardo

CEI Vicente Fialho

Caros colegas,

Quando vi o edital convocando os professores, pensei "nossa, que programa maravilhoso", mas achei no primeiro momento que não seria selecionada. Mesmo assim, fiz minha inscrição. Quando saiu o resultado final nem acreditei, tinha em minhas mãos uma oportunidade única, conhecer outro país, sua cultura e sua forma de educar, era um verdadeiro sonho. Fui buscar informações sobre a Irlanda, seus costumes e história, afinal é um país tão diferente do nosso Brasil. Na véspera da viagem, minha ansiedade estava a mil, tantas expectativas. Fomos tão bem recepcionados pelos coordenadores da MIC, fiquei encantada com o campus, suas cores, cheiros, pessoas.

O curso imersivo sobre a educação irlandesa foi esclarecedor, saber como um povo utilizou da educação para mudar sua condição social e vencer a escassez, foi muito interessante. Nossas visitas às instituições, conhecendo um pouco da rotina nas escolas nos fez entender como a educação é valorizada, bem como os profissionais envolvidos. O que me chamou mais atenção foi o respeito dos alunos aos seus professores, lá eles não são chamados pelo primeiro nome, nem de tia, nem professor(a), são chamados pelo sobrenome, senhor ou senhora, muitos alunos nem sabem qual o primeiro nome de seu professor. Enquanto na minha sala, sou a tia, tia Maria, e na hora do aperreio, sou até a "mãe, me ajuda aqui." Também observei junto com meus colegas professores de Fortaleza que a documentação pedagógica se faz muito presente. Praticamente em todas as escolas que visitamos os trabalhos realizados pelas crianças estavam expostos nos corredores, nas salas. Também observamos que todas as escolas fazem o quadro de honra com a foto oficial de cada turma do ano corrente, e podemos observar vários quadros de todos os alunos que já estudaram naquela escola. Achei interessante, aqui só vemos isso na Educação Superior, os quadros de conclusão de curso.

Fizemos algumas visitas a pontos turísticos famosos da Irlanda, como as cidades de Clair, Galway, paisagens que só conhecíamos pelos filmes, tivemos a oportunidade de conhecer ao vivo e em cores, também os Cliffs a beira mar, uma experiência incrível da força da natureza, com ventos de levar animais, carros e até pessoas. Conhecemos um castelo medieval e toda sua história retratada nas paredes. Participamos de um banquete medieval com comidas e danças típicas.

    Foi tudo maravilhoso, realmente uma imersão em outra cultura, muitos aprendizados e trocas de informações, eles também tinham curiosidade de saber sobre nossa cultura. E ao retornarmos, tive a oportunidade de compartilhar com os meus colegas, um pouco do que aprendi na Irlanda, mostrar as fotos e vídeos, e esclarecer algumas dúvidas que eles tiveram, um momento muito rico, de troca de aprendizagem e incentivo para que também eles queiram se candidatar para os próximos editais dos Professores Sem Fronteiras. Também quero deixar meus agradecimentos à Prefeitura de Fortaleza, nossas coordenadoras, as que viajaram conosco e as que ficaram em Fortaleza, pela total atenção e cuidado com nosso grupo, todo o empenho para que pudéssemos vivenciar uma experiência ímpar em nossas vidas.

Prof.ª Maria Cristina Nunes de Sousa

EMEIF Professor Jacinto Botelho

Professores de Fortaleza,

Venho manifestar minha gratidão e agradecimento a todos os envolvidos nessa maravilhosa e inesquecível experiência que tive a honra de participar, juntamente com mais vinte e quatro professores da rede municipal de Fortaleza e duas coordenadoras competentes, amigas, Aline Gadelha Figueiredo e Marisa Aquino Botão, e todas as pessoas que fizeram parte de toda a organização do programa "Professores sem Fronteiras - edição 2023 - Irlanda.

A emoção começou desde o primeiro momento que fiz minha inscrição e perguntava-me se algo assim tão magnífico poderia acontecer em minha vida. Foi quando recebi a confirmação de que iria participar do Programa Professores sem Fronteiras - edição 2023 – Irlanda, e depois disso foi só emoção, ansiedade, curiosidades, encantamentos, experiências, descobertas incríveis e momentos que se misturavam com conhecimentos, cansaços e sede de aprendizagem.

No começo dessa grande aventura aconteceu, logo de início, um fato perturbador: quase perco o voo de fortaleza com escala em São Paulo. Isso mesmo, pois eram dois voos com empresas diferentes. Metade iriam na Latam e a outra na Gol, fui para a Gol estando com a passagem, em mãos da Latam, esse lapso serviu de brincadeiras até ao fim da viagem de volta.

Foram muitas descobertas sobre como funciona o sistema educacional irlandês e alguns pontos podemos comparar com o nosso e através de observações dos aspectos pedagógicos dessa experiência adquirimos conhecimentos que usaremos para aprimorar nossas experiências, já consolidadas, numa melhor perspectivas que venham contribuir com um maior aproveitamento na aprendizagem na nossa rede de ensino, quer seja na escola, em nossa sala de aula e no ciclo de amizade que conquistamos e ficarão para o resto de nossas vidas.

Visitamos algumas escolas do ensino básico irlandês nas quais registramos horários de entrada e saída dos alunos, que se diferencia de Fortaleza devido ao clima; salas amplas, informatizadas e bem equipadas com materiais diversificados para apoio e pesquisas dos alunos; não há reprovação, mas pontuações que são somadas ao longo da educação básica com um número a ser atingido para entrar no ensino superior; acolhimento de imigrantes de vários países; muita disciplina e obediência dos alunos para com os professores; participação efetiva dos pais na escola, inclusive no conselho escolar; não há indisciplina; um cuidado excepcional contra alguns tipos de acidentes ou incidentes na escola; preservação em manter viva a cultura local.

Momentos culturais também fizeram parte da programação. Conheci lugares fenomenais que foram além de minhas expectativas como: Limerick, uma cidade segura e universitária na costa oeste da Irlanda ao longo do Wild Atlantic Way (trilha turística); St John's Cathedral, onde teve sua primeira missa celebrada em 1859; castelo do rei John, localizado no bairro medieval; Cliffs of Moher lugar paradisíaco e vários condados e vilarejos.

Prof. Ronny Roberto Queiroz de Assis

Escola de Tempo Integral Maria José Ferreira Gomes

Se eu gostaria de ter uma outra oportunidade de ir novamente à Limerick – Irlanda? Ou melhor, se toparia em voltar no tempo para meados de novembro de 2023 onde tudo começou? Com toda a certeza desse mundo diria que sim, porque experiências dessa magnitude merecem sempre lugar de destaque em nossas memórias e em nossos corações.

Minhas pretensões em sair para o exterior com a finalidade de estudo, lazer ou negócios sempre estiveram além do meu alcance financeiro e organizacional. Ao me deparar com as oportunidades que estavam sendo oferecidas pela prefeitura desse município através do Programa Professor sem Fronteiras, me causou uma combinação de vários sentimentos como alegria, êxtase, desconfiança, angústia e medo. Isso porque todo o processo seletivo não dependia do apenas "eu quero", mas sim de uma série de realizações profissionais que por acaso eu já trazia consigo no decorrer desse meu tempo de práticas docentes.

Desde a divulgação desse terceiro edital, uma vez que Espanha e França foram os primeiros países a abrirem suas portas para esse programa, até a fase de divulgação final dos escolhidos que já não mais me reconhecia enquanto mantenedor da razão, e sim a emoção me dominava por completo nesse interim. É importante ressaltar a famosa frase de um certo alguém ao dizer: "Entrega o teu caminho ao Senhor; confia nele, e Ele tudo fará", porque particularmente a minha ida a essa região linda desse planeta só pode ter sido providência divina. A seleção era acirrada, muitos candidatos e pouquíssimas vagas foram ofertadas para a modalidade do ensino fundamental II na qual fazia parte. A cada fase que vivenciava, me convencia ainda mais que ali era a minha grande oportunidade de conhecer uma outra cultura, de ampliar meus conhecimentos dentro da minha área de ensino e de expandir meus horizontes. Contudo, chega à divulgação final dos resultados finais e meu nome não estava lá presente entre aqueles escolhidos. Os sentimentos de derrota e tristeza me tomavam por completo, mas um ainda sobrevivia diante desse caos, a "esperança". Dois dias depois dessa divulgação, como que por obra do divino mais duas vagas surgem e finalmente faço parte do maravilhoso time de intercambistas que tiveram suas vidas marcadas e preenchidas com maravilhosos momentos.

Do curso de formação, da divulgação para amigos e familiares, do conhecer os outros que iriam nessa jornada comigo, até o momento de nossa partida foram sensações que ainda permeiam o meu ser quando me deparo com esses instantes de escrita e de conversas acerca dessa experiência única já vivida. Dizer que a euforia de uma iminente viagem para a Irlanda, não se fazia presente no meu cotidiano seria ousadia demasiada, uma vez que a cada momento que me pegava em meus pensamentos imaginando como seria a "tal viagem", mesmo ainda que por breves momentos acabava me esquecendo dos problemas corriqueiros da vida, das responsabilidades diárias e do cansaço rotineiro.

Provavelmente essas laudas aqui escritas não serão capazes de comportar tudo aquilo que foi visto, ouvido, sentido e experienciado naqueles 15 dias. Porém, relatarei uma ínfima parte daquilo que é importante compartilhar e que se faz presente no meu fazer diário que foram as experiencias acadêmicas e educacionais.

Sempre tive curiosidade em ver na prática como funcionava o sistema educacional desses países de primeiro mundo como a Irlanda que de acordo com os últimos resultados obtidos no PISA 2022, tem um dos melhores índices do mundo nos campos da leitura, do cálculo e das ciências. Me perguntava o que mais eles vinham fazendo que os posicionava quase que rotineiramente entre os melhores do planeta nesses aspectos. Enfim, pude perceber o quanto havia uma série de questões que de certo modo influenciava toda a história do ensino naquele país. Consegui perceber em cada aula ministrada na *Mary Immaculate College* quais fatores eram de fato responsáveis por tais resultados. Ao visitar algumas escolas próximas vislumbramos muito daquilo que também almejamos, mas que por uma série de restrições políticas, econômicas e sociais se tornam quase que utopia replicar em nosso país, quiçá em nosso município. Todavia, me alegrei em perceber que muitas iniciativas já existentes aqui em nosso fazer diário, ainda se encontrava de forma inicial também por lá. Acho que as trocas entre os dois países envolvidos nesse intercâmbio deveriam ser de mão dupla para que assim, quem sabe nossos representantes políticos tivessem conhecimento e discernimento daquilo que é possível concretizar em nosso território como: melhoria de salário, valorização do docente, apoio estrutural e de pessoal, assistência psicológica, currículo e outros atenuantes. Além dos irlandeses também aprenderem com a gente o quanto somos capazes e eficientes naquilo que nos propomos a realizar, mesmo diante de tantas dificuldades e desafios.

Geograficamente não me imaginava indo para algum lugar que não fosse aquele cujas terras e pontos turísticos são constantemente palco de filmes e séries atuais como os Vikings e Harry Potter. Andar, explorar e conhecer aquelas regiões que já foram marcados pela história antiga como o esplendoroso castelo do Rei John´s não tem preço que pague. Experimentar as brisas nem tão suaves das falésias de Moher, subir aqueles montes, se aventurar nas margens de algumas estradas somente para ver o quanto as criações divinas são perfeitas, tudo valeu a pena. O simples fato de andar pelas ruas mais urbanizadas de Limerick, ainda que fossem os caminhos para o hotel, universidades, *pub´s* ou para comprar algo era tudo muito mágico e único.

Essa última parte gostaria de enfatizar o quanto as relações interpessoais, a empatia, o coleguismo são importantes em tudo aquilo que pretendemos realizar nessa vida. Sinceramente, não teria tanta certeza se seria capaz de enfrentar uma jornada como essa de forma solitária porque todos os que estiveram presentes nesse programa sem fronteiras estavam ali porque acredito eu, só pode ter sido o sobrenatural. Unir tantas pessoas maravilhosas em um único espaço só pode ter sido obra do desconhecido. Não sei como foram as experiências vivenciadas pelos integrantes de programas anteriores, contudo posso afirmar que não existiu, nem tampouco existirá outra turma tão motivada a desbravar essas caminhadas de forma tão humana e carinhosa que nem a dessa edição. E foram muitas descobertas, muitos "perrengues", muitos momentos de amizade verdadeira que serão guardados a sete chaves.

Para os que ainda não tiveram oportunidade de realizar esse intercâmbio do Professor sem Fronteiras recomendo investir em pesquisa e planejamento para que possam de alguma forma e de acordo com as suas necessidades mais urgentes mudar um pouco a sua prática docente, sair da sua zona de conforto e contribuir para que os processos que envolvam o ensino-aprendizagem possam de fato se efetivar com eficácia e com qualidade, pois muito daquilo que fazemos no chão da escola é o que nos oportuniza momentos como esse vivido por mim e tantos outros desse município.

Ademais, gostaria de agradecer aos organizadores desse programa e em particular os que tiveram a frente desse terceiro edital para Limerick-Irlanda. Acho que citar nomes de certo modo seria injusto porque provavelmente esqueceria de alguém, porém reitero aqui a minha admiração a todos aqueles que puderam proporcionar a nós intercambistas experiências inimagináveis. Até a próxima, quem sabe!!!

Prof.ª Gilvânia Rocha Rodrigues de Oliveira

CEI Ana Amélia

> *"O maior apetite do homem é desejar ser.*
> *É o que move as pedras e a vontade de crescer."*
> Manoel de Barros

Sabe aqueles sonhos que não nos permitimos sonhar? Esse desejo se concretizou em dezembro de 2023. Sempre quis sair da minha cidade e conhecer a realidade educacional em outro país, vivenciar novas culturas e espaços. Porém, cheguei a pensar que nunca participaria de um projeto como esse. No entanto, em 2023, surgiu o programa "Professores Sem Fronteiras", trazendo a oportunidade de viver essa aventura única. Após a aprovação no Edital 12/2023 PSF Irlanda, nossa turma de 25 professores viajou no dia 2 de dezembro e retornou no dia 17 de dezembro de 2023.

Compartilhar vivências no intercâmbio do Programa Ateliê[3] em instituições de Fortaleza já representava uma inovação significativa, mas a experiência internacional trouxe uma ampliação ainda mais profunda. Para muitos, esse sonho parecia distante, mas a Prefeitura de Fortaleza, por meio da Secretaria de Educação, tornou-o realidade. Estar na Irlanda nos permitiu perceber que somos capazes de alcançar muito mais do que imaginávamos, tanto em termos profissionais quanto pessoais, oferecendo-nos a chance de contribuir para a transformação da educação.

Durante os dias que passamos em Limerick, refletimos sobre nossas práticas, tradições e vidas. A bagagem que trouxemos foi muito além de objetos e lembranças; foi um aprendizado profundo e transformador que influenciará nossas ações futuras.

A cada passo e relato, nos emocionávamos profundamente, pensando sempre em nossas crianças e em como poderíamos ampliar seus horizontes através das nossas experiências. Refletimos sobre como muitas das

---

[3] O Programa Ateliê na Educação Infantil faz parte do Fortaleza 2040, a iniciativa tem o intuito de potencializar as múltiplas linguagens infantis, legitimar a concepção de criança como protagonista em seu potencial criador e garantir os direitos de aprendizagem previstos na Proposta Curricular para a Educação Infantil da Rede Municipal de Ensino de Fortaleza e estabelecidos pela Base Nacional Comum Curricular (BNCC). Disponível em: https://intranet.sme.fortaleza.ce.gov.br/index.php?option=com_content&view=article&id=6733:sme-disponibiliza-livro-sobre-o-programa-ateli%C3%AA-da-educa%C3%A7%C3%A3o-infantil-da-rede-municipal-de-fortaleza&catid=79&Itemid=509. Acesso em: 3 ago. 2024.

famílias das nossas crianças nos Centros de Educação Infantil, Creches e Escolas, assim como nós mesmos, nunca nos permitimos sonhar tão alto.

A imersão nessa outra realidade foi uma oportunidade formativa única. A troca de culturas e conhecimentos com nossos colegas irlandeses foi enriquecedora e transformadora. Tivemos também a chance de mostrar a eles o trabalho inovador que Fortaleza vem desenvolvendo na educação, destacando a importância de nossa abordagem pedagógica e o impacto positivo nas nossas instituições de ensino.

Foi um privilégio conhecer e aprender com as escolas de Limerick, as valiosas contribuições dos professores da *Mary Immaculate College* e a rica tradição local, enquanto compartilhávamos nossas práticas e nossa história. Somos profundamente gratos a todos que nos receberam e enriqueceram nossa jornada. Cada conversa e interação foram oportunidades para fortalecer laços e construir pontes entre nossas culturas. Essas trocas não só ampliaram nossos conhecimentos, mas também reafirmaram o valor do trabalho que realizamos em nossas escolas e creches, bem como o impacto positivo de nossas práticas pedagógicas na vida das crianças e suas famílias.

Gratidão a Deus por nos permitir vivenciar uma experiência tão rica e transformadora. A Ele, toda a honra e glória por cada conquista. Gratidão à Secretaria de Educação de Fortaleza, que acreditou em nosso potencial e possibilitou essa oportunidade única de intercâmbio. O apoio e a confiança recebidos foram essenciais para o sucesso da jornada. A Secretaria demonstrou um compromisso exemplar com a formação contínua dos profissionais da educação.

Também queremos expressar nossa sincera gratidão às nossas famílias, que nos apoiaram durante essa jornada. Sem o suporte e a compreensão de todos vocês, essa experiência não teria sido possível. O encorajamento nos permitiu dedicar toda nossa energia e foco ao intercâmbio, e por isso somos imensamente gratos.

Nós, professores do programa "Professores Sem Fronteiras", estamos comprometidos em transformar as vivências e aprendizados dessa viagem em ações concretas que beneficiem a nossa educação. A experiência na Irlanda nos inspirou e motivou a buscar constantemente a melhoria e a inovação em nossas práticas. Estamos determinados a aplicar tudo o que vivenciamos para enriquecer nossa atuação e contribuir ainda mais para o desenvolvimento da educação em Fortaleza, certos de que cada passo dado é um avanço na transformação de nossa comunidade educacional.

Prof.ª Maria Enildes Santos Antunes

Escola Professor Francisco Maurício da Mattos Dourado

Gostaria de expressar minha mais profunda gratidão pela oportunidade que me foi proporcionada pela Prefeitura Municipal de Fortaleza com a viagem à Irlanda. Foi uma experiência enriquecedora, repleta de aprendizado e novas perspectivas.

A viagem não só me permitiu conhecer uma cultura rica e diversificada, mas também me proporcionou momentos de crescimento pessoal e profissional. As paisagens deslumbrantes, a história fascinante e o acolhimento dos Professores irlandeses foram inesquecíveis.

Agradeço a confiança depositada em mim para representar nosso País em um cenário internacional. Estou comprometida em compartilhar os conhecimentos adquiridos e contribuir para o desenvolvimento de nossa Escola Professor Francisco Maurício de Mattos Dourado, inspirado pelas boas práticas observadas durante a viagem.

Reitero meu sincero agradecimento a todos os envolvidos nesta iniciativa. Que mais oportunidades como essa possam surgir, beneficiando outros cidadãos e fortalecendo nossos laços culturais e educacionais com outras nações.

Com gratidão,
Professora Maria Enildes

Prof.ª Maria Fabiana Machado de Oliveira

Escola Municipal Bergson Gurjão Farias

Este relato revela a importância da persistência e da educação pública como pilares fundamentais na realização de sonhos e transformações pessoais. Como expressou Paulo Freire (1979): "Educação não transforma o mundo. Educação muda as pessoas. Pessoas transformam o mundo". Tive uma infância de muitas dificuldades e, sempre vi no estudo a formula para mudar de vida. Alimentava também o sonho de conhecer a outros países, viajar para outro continente, inspirada pelos livros de História que estudava. A educação foi o marco para transformar esse sonho em realidade, conduzindo-me a concretizar minhas aspirações de cursar uma graduação, assim cheguei ao curso de Pedagogia da Universidade Federal do Ceará - UFC.

Minha jornada educacional foi inteiramente realizada na rede pública, desde o ensino fundamental até a educação superior. Durante a faculdade, compreendi que devolver à comunidade o investimento feito em minha formação seria a maneira mais valiosa de contribuir para a sociedade. Assim, tornar-me professora na rede de ensino de Fortaleza não apenas representou uma realização pessoal, mas também um compromisso com a melhoria da educação pública.

Ser professora efetiva no município de Fortaleza proporcionou-me a oportunidade de participar de capacitações periódicas e dar continuidade aos meus estudos através de diversos programas educacionais promovidos pela Secretaria de Educação. Um desses programas, o Professores Sem Fronteiras, abriu a possibilidade de intercâmbio entre países, após uma rigorosa seleção. Ter sido aprovada para participar desse programa foi uma emoção indescritível, especialmente porque o meu relato de experiência em um seminário da rede de ensino foi determinante para a minha aprovação.

A troca de experiências entre professores, prática comum nas formações mensais, adquiriu uma nova dimensão ao pensar em compartilhar vivências com colegas de outro continente. À medida que o dia da viagem se aproximava, a ansiedade se misturava à expectativa de adquirir novos conhecimentos que enriqueceriam ainda mais minha prática em sala de aula.

Antes de embarcar, tive a oportunidade de conhecer os outros professores selecionados, e a Secretaria de Educação, com muito cuidado, ofereceu-nos um curso básico de Inglês, mesmo contando com a presença de tradutores na equipe de viagem e da Universidade parceira.

Na Irlanda, visitei instituições de diversos níveis educacionais, desde a educação básica até centros especializados em atendimento a pessoas em situação de vulnerabilidade social, além de crianças e adolescentes com transtornos ou necessidades especiais. Além disso, tive a oportunidade de assistir a aulas ministradas por professores especialistas em uma universidade secular (Mary Immaculate College), o que enriqueceu imensamente minha compreensão das práticas pedagógicas e educativas em um contexto cultural e acadêmico diferente.

Desde o princípio, estava claro que o objetivo do intercâmbio era proporcionar experiências educacionais enriquecedoras. No entanto, o programa da universidade irlandesa foi além do esperado, incluindo uma série de atividades que ampliaram ainda mais o horizonte cultural dos participantes. Além das aulas e das trocas de conhecimento, tivemos a oportunidade de explorar locais e prédios históricos, visitar castelos imponentes e contemplar as paisagens deslumbrantes da Ilha Esmeralda. Essas vivências foram complementadas por experiências gastronômicas e culturais únicas, que nos permitiram mergulhar profundamente na cultura local e compreender melhor o contexto histórico e social do país.

Cada um desses momentos contribuiu para tornar a experiência do intercâmbio ainda mais rica e inesquecível, ampliando não apenas o conhecimento pedagógico, mas também a compreensão sobre a diversidade cultural. Deste modo, torna-se evidente a responsabilidade de elaborar uma proposta pedagógica que conecte o aprendizado adquirido durante o intercâmbio com o cotidiano escolar. Integrar as novas perspectivas e práticas pedagógicas, bem como as experiências culturais vivenciadas, é essencial para enriquecer o processo educativo e tornar o ensino mais relevante e engajador para os alunos. Essa proposta deve considerar não apenas o conteúdo aprendido, mas também como adaptá-lo à realidade local, promovendo uma educação mais contextualizada e significativa.

Gostaria de expressar minha profunda gratidão à Secretaria de Educação por acreditar que, ao proporcionar essa experiência, não apenas se valoriza o professor, mas também se eleva a qualidade da educação como um todo. Essa iniciativa demonstra um compromisso genuíno com o desenvolvimento profissional dos educadores e, consequentemente, com a melhoria contínua do ensino em nossa rede.

Essa experiência foi transformadora e renovou meu compromisso com a educação pública, reforçando a crença de que o intercâmbio de saberes e culturas é essencial para a evolução da prática pedagógica.

Prof.ª Maria das Graças Barros

EMEIF Maria Dalva Severino Marreiro

Sempre acreditei que a educação era o único caminho que me tiraria de uma situação de precariedade na infância, para uma vida mais confortável, em que meus sonhos fossem possíveis. Mesmo sendo muito esperançosa, não imaginei que um dia teria a oportunidade, através do meu trabalho, de conhecer a cultura de outro país por meio de um programa de intercâmbio, principalmente, que seria através da minha práxis docente.

Participar do Programa Professor Sem Fronteiras mudou não somente a minha vida, mas a vida da minha família. Minha filha participou da primeira turma e ficou encantada. Quando vi as experiências que ela tinha vivenciado, fui movida por um desejo de observar "para além da minha sala de aula", da escola que faço parte e percebi que ao fazer esse movimento de conhecer outros espaços, somei com o aprendizado dos meus alunos e demais crianças que fazem parte da instituição ao qual estou vinculada.

Nós como professores somos espelho e inspiração para muitos de nossos alunos. O intercâmbio que participamos modificou a perspectiva de melhoria da educação básica em nossa rede de ensino desde os funcionários que atuam como terceirizados, nossos colegas de profissão que enxergaram a oportunidade de também se especializarem, a gestão escolar, e principalmente, as nossas crianças e suas famílias, que participaram do nosso processo formativo através das experiencias partilhadas no antes, durante e pós-intercâmbio.

Nossa jornada em direção a ampliação e compartilhamento de nossos saberes na docência iniciou dia 2 de dezembro de 2023, com o regresso no dia 17 de dezembro do mesmo ano.

É importante destacar que em 20 anos de atuação na Rede Municipal de Educação em Fortaleza, nunca nós como professores como uma classe unificada, desde a Educação Infantil, os Anos Iniciais e os Anos Finais, e a Educação de Jovens e Adultos, assim como os professores que atuam em pesquisas a nível de pós-graduação, tivemos nossos esforços e estudos tão valorizados como nesses últimos anos. O edital lançado buscou contemplar os profissionais em cada segmento – o que trouxe a sensação de equidade entre os candidatos.

Durante o intercambio realizado na cidade de Limerick/Irlanda, pudemos realizar trocas que foram preciosas. Os professores tanto da universidade, como da Educação Básica, nos receberam muito bem e demostraram interesse em conhecer como desenvolvíamos nosso trabalho em sala de aula e como é o nosso público, assim como, se existe uma colaboração entre as famílias e a escola.

Quanto as inovações, dentro dos recursos que temos e o próprio acesso a determinados materiais, observamos que a Rede Municipal de Fortaleza não está aquém da formação proporcionada pelos países europeus no que diz respeito a qualidade de ensino – o que nos deixa felizes.

Além da visita as escolas, foi oportunizado que conhecemos mais sobre as políticas educacionais que regem a educação irlandesa e como os professores são vistos perante a sociedade. A questão da valorização da cultura e o incentivo a leitura e escrita foi algo que nos chamou atenção. Na Europa em geral, existe um apoio imenso ao acesso à cultura da população e isso é algo que difere o processo educativo que temos no Brasil para o realizado no país visitado – desde a primeira infância até a formação docente inicial e continuada.

Diante do que foi exposto, o sentimento que fica é de gratidão pela oportunidade proporcionada pela Secretaria Municipal de Educação de Fortaleza em investir na formação e aperfeiçoamento de sua equipe docente, garantindo que possamos continuar a contribuir com qualidade no ensino de nossas crianças, adolescentes e adultos matriculados na Educação Básica. O olhar sensível para investir nos segmentos mencionados demostra o cuidado e compromisso da prefeitura com a educação – pilar da nossa sociedade.

Prof.ª Leila Maria Rodrigues Silva

Escola Maria Liduina Corrêa Leite

Desde a minha adolescência sempre sonhei em viajar para outro país, preferencialmente para a Europa, pois acho um lugar belo de cultura muito interessante. Porém parecia mais um sonho bem distante da minha realidade um sonho que nunca seria concretizado.

No entanto algo extraordinário aconteceu em minha vida em dezembro de 2023, fui comtemplada com um intercâmbio para a Irlanda na cidade de Limerick no continente europeu, através do "Programa Professor sem Fronteiras" oportunizado pela Prefeitura Municipal de Fortaleza. Uma oportunidade única.

Cada momento foi vivido com emoção, conhecemos um pouco da cidade com os passeios que nos foram oportunizados, fomos bem acolhidos pelos irlandeses. Trocamos experiências profissionais muito ricas, nossas conversas e interações fortaleceram laços e experiências entre nossas culturas.

Visitamos várias escolas, observei que as crianças apesar de serem crianças são bem demonstram um comportamento bem mais tranquilo que os meus alunos aqui, mas isso é uma questão social que temos que enfrentar. Fiquei feliz ao ver que a educação irlandesa também como aqui em Fortaleza valoriza bastante o brincar e a voz da criança na educação infantil.

Tenho muita gratidão, a Deus, a Secretaria Municipal de Educação, assim como todos os colegas de viajem e pessoas envolvidas, a minha família e meus colegas de profissão. Ficará na memória.

Sou uma pessoa que sempre busco aprendizado e sempre quis um intercâmbio, de acordo com o que aprende, pretendo repensar minha práxis pedagógica, o que posso melhorar ou mudar na minha sala de aula, o que vi na Irlanda que posso aplicar em minha escola de acordo com a realidade da escola que socialmente é bem difícil.

Assim, continuo na luta dia a dia, e sempre em busca de aprendizado seja onde for.

Prof.ª Erika Regine de Melo Montenegro

Escola Prof. Maria Liduina Corrêa Leite

Em dezembro de 2023, um sonho que tinha há muitos anos tornou-se realidade. Eu e mais 24 professores da rede municipal de Fortaleza, por meio do programa "Professores sem Fronteira" vivemos a experiência única de conhecermos Irlanda. A aprovação no edital 12/2020 PSF maiúsculo Irlanda nossa turma viajou no dia 2 de Dezembro e retornou no dia 17 de Dezembro de 2023.

O intercâmbio internacional era algo inimaginável, mas a prefeitura de Fortaleza através da Secretaria de Educação, proporcionou esta grande oportunidade, a viagem para Irlanda, nos trouxe a certeza de que somos capazes de alcançar sonhos, somos competentes e podemos contribuir na transformação da Educação em Fortaleza. Nossos dias em Limerick foram de muito aprendizado o que contribuirá em ações futuras.

A troca de saberes com os professores irlandeses foi única. Compartilhamos nossas experiências e a maneira como desenvolvemos as ações pedagógicas em nossas escolas. Podemos ter a certeza de que a educação em Fortaleza tem crescido e trazido programas inovadores.

Conhecer conhecer a realidade educacional de Limerick, por meio das visitas as escolas das conversas, das interações, em sala de aula na universidade agregaram novas ideias e ações a serem desenvolvidas em nossa prática educacional. Gratidão a secretaria de Educação de Fortaleza por acreditar no potencial dos professores e profissionais da rede. O suporte e encorajamento dos mesmos por meio da secretaria de Educação de Fortaleza tornou essesonho possível.

As experiências vivenciadas por nós "Professores sem Fronteiras" retificaram, em cada um de nós,o compromisso com a aprendizagem e o desenvolvimento integral do nosso aluno ou aluna. Vamos aplicar o que vivenciamos no dia a dia em nossas escolas e ambiente educacional.

Prof.ª Ana Stela Pereira dos Santos

EMEIF Secretário Paulo Petrola

Queridos colegas,

Espero que esta carta os encontre bem e cheios de energia para enfrentar o cotidiano escolar. Hoje, escrevo para compartilhar uma experiência enriquecedora que tive em 2023 com o intuito de inspirar e motivar vocês em nossa jornada constante pela excelência educacional.

Tive o privilégio de participar do Professores Sem Fronteiras, atividade de formação docente desenvolvido pela Secretaria de Educação de Fortaleza, que aconteceu em Limerick, na Irlanda. Durante duas semanas, mergulhei em um ambiente acadêmico vibrante que deixou uma marca indelével em minha prática pedagógica.

Na Universidade de Limerick, tive aulas que me fizeram ratificar aquilo que já aplicava em Fortaleza. Os professores nos apresentaram metodologias e ferramentas pedagógicas que dão mais valor à voz dos estudantes. A ênfase em práticas colaborativas e no uso da tecnologia de forma criativa foram aspectos particularmente inspiradores. O que mais me impressionou foi a integração de teorias educacionais com práticas reais, algo que me faz sentir querer realizar algo parecido em nossas salas de aula em Fortaleza.

Além das aulas na universidade, tivemos a oportunidade de visitar várias escolas na região. Fiquei impressionada com a forma como as escolas irlandesas promovem um ambiente de aprendizado inclusivo e participativo. Vi de perto como o currículo é adaptado para atender às necessidades individuais dos estudantes, e como os educadores trabalham de maneira integrada para garantir o sucesso de cada estudante.

Ao retornar com ideias de projetos, espero compartilhar alguns deles com vocês no futuro. Acredito que, ao aplicar algumas das estratégias e metodologias que aprendi, podemos criar um ambiente ainda mais estimulante e inclusivo para nossos estudantes.

Gostaria de convidar todos a se unir a mim em um encontro para discutirmos essas novas ideias e planejarmos como podemos implementar algumas dessas práticas em nossas escolas, porém a realização deste pode ajudar nesse desejo. A troca de experiências e a colaboração entre nós é fundamental para o nosso crescimento e para o aprimoramento contínuo da educação em nossa cidade.

Em suma, a experiência em Limerick foi uma verdadeira fonte de inspiração e aprendizado. Estou ansiosa para ver como podemos utilizar esses novos conhecimentos para fazer uma diferença positiva na vida dos nossos estudantes e fortalecer ainda mais nossa comunidade educacional.

Agradeço a todos pelo apoio e pela dedicação ao nosso trabalho. Espero que possamos juntos transformar nossas escolas e proporcionar uma educação de excelência para nossos estudantes.

Com apreço e entusiasmo,
Prof.ª Ana Stela

Prof.ª Régia Costa Farias

Escola Municipal Maria Zélia Correia

Em meados do segundo semestre de 2023, o programa Professor sem Fronteira começou a ganhar divulgação entre meus colegas professores. A notícia passada pelos grupos em aplicativos de mensagens, em conversas nos corredores das instituições, empolgando a todos e parecia uma excelente oportunidade de viver uma experiência profissional fantástica. Os primeiros países? França e Espanha. Apesar de compreender a importância de participar do programa e do desejo de me inscrever, o pessimismo falando mais alto em meu coração, não permitiu que eu sequer me inscrevesse. Colegas foram aprovadas, com pontuações que eu teria, uma esperança surgiu, mas uma certeza de que aquela não era a hora de viver esta experiência. Na próxima me inscreveria.

O edital 12/2023 PSF com um intercâmbio para Irlanda foi lançado. Sabe quando Deus fala com você? Comigo foi de maneira sutil, apenas a certeza: se inscreve que chegou a hora! Inscrição feita. Aprovação. Entrega de documentos. Curso de preparação. Aulas de inglês. Primeiro contato com os desconhecidos novos colegas. Uma ansiedade boa tomando conta de tudo. Embarcaríamos no dia 02 de dezembro e retornaríamos à Fortaleza dia 17 do mesmo mês. Um pequeno grande detalhe: minha filha Thaís faria aniversário no dia 15... eu estaria longe fisicamente dela. Isto pesou dentro de mim! Muito! Mas como tantas outras vezes e como tantas outras mães escolhi pensar: esta é uma experiência profissional e pessoal única e sei que sou exemplo para ela. Desejo que minha filha me veja como alguém que luta arduamente por seus sonhos. Na certeza de que ela ficaria bem em Fortaleza, voei...

"Quando foi a última vez que você fez algo pela primeira vez?" – Esse intercâmbio me possibilitou fazer muitas coisas pela primeira vez: voar de avião, viajar "sozinha", fazer um intercâmbio, conhecer outro país, uma outra cultura, um outro sistema educacional. Com tudo muito bem organizado pela Secretaria Municipal de Educação de Fortaleza: passagens aéreas e terrestre até chegar a cidade na qual moraríamos por 15 dias, indicação de hospedagem, financiamento para nos mantermos e para custear o curso na Universidade, contato brasileiro na cidade que juntamente com a SME organizou nossa agenda profissional e cultural, colegas fluentes no idioma local, pousamos na Irlanda. Seguimos em um ônibus fretado para nossa equipe até Limerick. Cidade em que realizaríamos nosso intercâmbio.

Aqui começou nossa verdadeira imersão na cultura e no sistema educacional Irlandês. Durante 15 incríveis dias tivemos a oportunidade de termos aulas com professores da Mary Immaculate College, com tradutores, que nos possibilitou compreender como funciona o sistema educacional presente em Limerick, um pouco da legislação que rege a educação, a formação de professores, os investimentos na área, qual o entendimento sobre criança e como se dá o processo de ensino, de que maneira a Irlanda realiza a inclusão, das crianças de outras nacionalidades, bem como as que possuem deficiências ou transtornos.

As visitas planejadas às instituições de educação, dos diversos níveis de ensino, proporcionaram uma maior compreensão sobre como acontece na prática as abordagens pedagógicas dos professores e escolas como um todo, assim como perceber como funciona as estruturas educacionais da cidade. Essas visitas nos ajudaram a complementar as informações e conhecimento que obtivemos através das aulas na Universidade, nos possibilitando uma visão mais aproximada da realidade por meio da observação das práticas pedagógicas escolares.

Observando a atuação dos professores e nos momentos de diálogos com docentes e alunos, intermediados por colegas brasileiros fluente, foi possível perceber as concepções presentes naqueles contextos e as diferenças e semelhança na educação de Limerick e de Fortaleza. Dessa forma, é possível dizer que as aulas e as idas às escolas, nos possibilitaram traçar um perfil educacional da cidade visitada e fazer reflexões acerca das nossas práticas na cidade de Fortaleza, destacando aqui a importância de considerar as variações advindas da cultura de cada região.

A imersão vivida intensamente em um país europeu nos permitiu retornar ao nosso país, ao nosso município com uma maior clareza de como a nossa educação tem evoluído nos últimos anos no que diz respeito a legislação, as concepções defendidas em documentos norteadores da Rede que respeitam a criança, compreende sua forma de aprendizagem, bem como procura orientar os professores na busca de uma prática cada vez mais coerente. O intercambio também nos motivou a melhorar nosso fazer pedagógico através da observação de práticas exitosas nas escolas de Limerick e acredito que motivação advinda desta experiência perdurará e nos acompanhar por toda nossa vida profissional e pessoal dada a magnitude que fomos tocados.

Cabe um parágrafo aqui neste relato para enaltecer os programas culturais aos quais tivemos acesso: conhecer cidades vizinhas de uma beleza e encantamentos impossíveis de serem descritas aqui; paisagens tão diferentes das nossas que jamais sairão da nossa memória; um clima tão frio que nossa Fortaleza jamais viu, nos dava a certeza de estarmos vivendo um sonho. Passear a pé, durante a noite às margens do rio Shannon, sentir a brisa no rosto... Ah! Sempre que eu fechar meus olhos eu poderei sentir àquela brisa. Visitas às igrejas antigas como Saint Mary e conhecer o King John's Castle parecia nos colocar diretamente em um livro de contos medievais. Conhecer o cinematográfico Cliffs of Moher foi testemunha a grandeza da criação. Sair com os novos amigos pelas ruas de Limerick. Todas essas experiências me atravessaram de uma maneira indescritível e com certeza me tornou melhor profissional e pessoalmente.

Um destaque às relações, às interações e às amizades que essa experiência me proporcionou. Fomos um grupo unido, que cuidava uns dos outros, sustentava na dificuldade e dividia alegrias, levarei todos dentro do coração por termos compartilhado de um mesmo sonho.

Buscando meios de finalizar, pois poderia escrever páginas e páginas sobre esse vivido, gostaria imensamente de agradecer. Sobretudo à Deus que me reservou essa experiência. Muita gratidão também a minha família, sem eles eu jamais teria conseguido, inicialmente pelo incentivo, posteriormente por garantir que tudo corresse bem por aqui enquanto eu estivesse fisicamente distante. Apenas fisicamente, pois vocês foram comigo em cada lugar, dentro do meu coração.

Ah, como já mencionado, minha filha completou dois anos e eu ainda estava em Limerick, participei da comemoração dela em família por vídeo chamada e foi muito emocionante e feliz.

Prof.ª Francisca Arivaldenia Braga Mendonça Reis

Escola Municipal Manuel Lima Soares

Prezados professores,

A motivação em escrever esta carta partiu da necessidade de relatar e tornar público todas as experiências vivenciadas na Irlanda, através do programa de intercâmbio pedagógico Professor Sem Fronteiras (PSF) ofertado pela Prefeitura de Fortaleza por meio da Secretaria Municipal de Educação (SME) em dezembro de 2023.

O programa foi desenvolvido com o intuito de ampliar a qualidade da educação básica, mediante a formação de professores da Rede Municipal de Ensino, em instituições internacionais reconhecidas pela excelência desenvolvidas em diferentes segmentos de conhecimento. A partir desse momento, vieram as etapas de seleção e com elas, a felicidade e a certeza da vaga conquistada.

Saímos de Fortaleza com um grupo composto por 25 professores, portando uma bagagem repleta de expectativas e entusiasmos para um período de duas semanas de imersão num universo de conhecimentos e experiências na Irlanda, país que hoje ocupa uma posição de destaque no tocante à educação. Não tínhamos a dimensão do que nos esperava, mas alimentamos a certeza de que seríamos contemplados com saberes e atitudes que auxiliariam na ampliação de nossa visão docente.

A acolhida em Limerick, a terceira maior cidade da Irlanda com aproximadamente 95 mil habitantes, foi fundamental para a imersão na cultura celta. A cidade com sua rica história e atmosfera nos proporcionou um ambiente perfeito para o desenvolvimento profissional.

Durante o período em que estivemos em Limerick, fomos acolhidos *pela Mary Immaculate College (MIC)*, uma instituição com mais de 100 anos na formação de profissionais de vários segmentos. Lá, ampliamos nossos horizontes com cada palestra ministrada, passamos a compreender o processo educacional de outro país que preza por uma educação pública de qualidade, conhecemos novas metodologias de ensino aplicadas em sala de aula, aprimorarmos as nossas práticas pedagógicas para, possivelmente, elevarmos o nível de aprendizagem dos nossos alunos. Percebemos a preocupação da instituição em articular os conteúdos ministrados com as visitações/observações realizadas nas escolas públicas primárias da cidade irlandesa.

Através das visitas realizadas, analisamos vários aspectos socioeducacionais, discutimos pontos relevantes e confrontamos nossas práticas docentes com o intuito de aprimorarmos o que já realizamos e trazermos mudanças significativas para o trabalho pedagógico da rede municipal. Mas, nesta via de mão dupla, também tivemos a oportunidade de compartilhar nossas experiências, o nosso fazer pedagógico e demonstrar um pouco da nossa cultura e dos aspectos geográficos de nossa cidade através de uma aula bem planejada destinada aos professores e às crianças da cidade de Limerick.

Observamos que em todas as instituições de ensino visitadas (*St. Michael's Infant School, Scoil Mháthair Dé, Blue Box* entre outras) os olhares são voltados para a criança que precisa ser ouvida e ter a garantia de suas habilidades cognitivas, além da social, moral e espiritual plenamente desenvolvidas e asseguradas. Esse princípio norteador foi amplamente reforçado por todos os professores da *Mary Immaculate College* e pelos professores das escolas primárias. Mesmo com muitas ações pedagógicas voltadas para o público infantil, reconhecemos as particularidades de cada contexto e as adaptações necessárias para serem aplicadas nas salas de aula de qualquer segmento da educação de Fortaleza, inclusive na Educação de Jovens e Adultos (EJA).

Vale ressaltar também que ao nos depararmos com o sistema educacional irlandês, percebemos que em alguns aspectos, os princípios pedagógicos convergiam indicando-nos que traçamos o caminho certo para a obtenção de uma escola pública de qualidade e, em outros aspectos, que era necessário repensar e refazer os percursos.

Contudo, nossa jornada na Irlanda não se limitou apenas aos aspectos pedagógicos. Fomos presenteados com um roteiro turístico que contemplava da beleza arquitetônica a belas paisagens naturais da Ilha Esmeralda. Limerick, com seu centro histórico e medieval nos proporcionou uma rica experiência cultural ao visitarmos a *Saint Mary Cathedral*, o Museu King John's Castle, o *The Milk Market* (Mercado do Leite) que funciona apenas aos sábados e traz uma variedade da culinária da cidade. Ainda tivemos o privilégio de conhecer as cidades de *Galway, Dingle, Slea, Head Drive, Cliffs of Moher*, o vilarejo de Lahinch, Killaloe, o passeio emocionante no Lago Derg, o jantar medieval no *Bunratty Castle* acompanhado de músicas tradicionais e natalinas apresentadas por um coral e assim, encerramos nossa visita à Irlanda conhecendo Dublin.

Saímos da Irlanda diferentes de como chegamos, A troca de experiência com os professores selecionados para o intercâmbio foi um dos aspectos mais enriquecedores dessa jornada. Formamos um grupo coeso (que mal se conhecia), dividimos o mesmo quarto, compartilhamos nossas vivências profissionais e pessoais, nossos desafios e sucessos. Essa rede de apoio, construída durante o intercâmbio, continua ativa até hoje fortalecendo nossos laços profissionais e pessoais.

Acreditamos que essa experiência nos proporcionou um crescimento pessoal e profissional significativo e ao retornar para Fortaleza, sentimo-nos mais motivados a buscar novas estratégias com o objetivo de dinamizar o processo de ensino. Compartilhamos com todos vocês a certeza de que educação transforma vidas e que assim, possamos construir um futuro melhor para nossos alunos.

Finalizamos, portanto, afirmando que gratidão é uma palavra que não se pode mensurar dada a sua subjetividade e afirmamos que somos imensamente gratos à Prefeitura de Fortaleza por meio da Secretaria Municipal de Ensino (SME) representada por Dalila Saldanha que viabilizou esse intercâmbio, a Germânia Kelly que mesmo distante, se fazia presente em todos os momentos e às coordenadoras Marisa Aquino e Aline Gadelha por seus olhares atentos e cuidadosos com cada um dos Professores Sem Fronteiras - Irlanda.

Prof.ª Ana Maria Barreto de Lima

EMEF José Alcides Pinto

Caríssimos,

Me chamo Ana Maria Barreto de Lima. Sou professora de língua inglesa da rede pública de Fortaleza há oito anos. Leciono na Escola Municipal José Alcides Pinto. Fui uma das selecionadas pelo programa Professores Sem Fronteiras-2023-Irlanda. Participar dessa experiência foi um grande marco tanto para a Educação de Fortaleza quanto para a minha vida pessoal. Desde muito tempo sonhava em conhecer a Irlanda. Quando surgiu a oportunidade do referido programa não hesitei em tentar e graças a Deus fui uma das selecionadas.

Logo nas primeiras reuniões de pré-partida pude notar o quanto foi um privilégio ter sido selecionada ao ver que teríamos uma programação de intercâmbio tão cuidadosamente planejada pela *SME* e a *Mary Immaculate College* em Limerick. Além disso, faria o curso ao lado de colegas de profissão muito competentes e com experiências diversas na educação. Tais experiências puderam ser trocadas de forma muito exitosa durante a vivência. Durante as duas semanas de intercâmbio, visitamos muitas escolas e pudemos conhecer mais sobre o sistema de educação da Irlanda, bem como um pouco da cultura desse país. Trouxemos na bagagem muitas experiências para compartilhar com nossos alunos e professores.

Ao retornar à Fortaleza, aplicamos o projeto chamado PenPals, criado pelos professores Ana Stela, Magno, Sherida e eu. O projeto consistiu na troca de cartas entre os alunos de Fortaleza e os alunos da escola *CBS Primary School-Scoil Iosagain*, situada em Limerick. Essa troca resultou numa experiência única para os alunos, os quais puderam aperfeiçoar seus aprendizados de língua inglesa através das produções de postais que contemplassem elementos de nossa realidade. Essa troca intercultural entre os alunos foi extremamente benéfica. Dessa forma, foi possível visualizar um retorno do investimento do programa à sociedade, o que corrobora com a premissa de que projetos como esse devem ser permanentes, pois trazem muitos benefícios para professores, alunos e à comunidade como um todo. Diante disso, reitero que a formação de qualidade dos professores deve ser uma política permanente, que visa a capacitação formativa, o bem-estar e valorização dos profissionais de educação, pois como afirma Paulo Freire "Me movo como educador, porque, primeiro, me movo como gente".

Prof. Magno dos Santos Gomes

EMTI Prof. Joaquim Francisco de Sousa Filho

Estimados colegas,

A ideia de fazer um intercâmbio surgiu na minha mente ainda na adolescência, enquanto estava no cursinho de inglês. Naquele período, era um sonho distante, quase etéreo, que parecia mais um desejo de ficção do que uma meta realista. A ideia de vivenciar uma nova cultura e aprimorar minhas habilidades linguísticas era fascinante, mas parecia algo reservado para um futuro distante.

No entanto, como muitos sonhos têm o poder de persistir, o desejo de realizar um intercâmbio continuou a pulsar dentro de mim, como uma chama que se recusa a apagar. Durante minha graduação em Letras, com foco em italiano, a possibilidade de uma viagem para estudar a Língua Italiana voltou a se tornar uma realidade palpável. A paixão pela língua e pela cultura italiana parecia abrir portas para esse sonho. Contudo, apesar da determinação e do entusiasmo, havia uma barreira substancial: as condições financeiras. O custo de um intercâmbio era elevado e, na época, a realidade econômica era um obstáculo difícil de superar.

Só em 2023, com o Programa Professores Sem Fronteira, promovido pela Secretaria Municipal da Educação do Município de Fortaleza, pude vislumbrar a possibilidade real de concretizar o sonho de uma viagem internacional. Fiz a inscrição para o primeiro edital, realizando a inscrição apenas para o intercambio para França, mas não fui contemplado. O desânimo veio, pois vi que as pontuações dos outros candidatos eram altíssimas. Quando saiu o Edital para a Irlanda, uma nova chama da esperança se acendeu... realizei a minha inscrição, impetrando ali toda a minha fé. Ainda me lembro do momento que eu recebi a notícia. Estava exausto após um dia intenso de trabalho, deitado em uma rede e lendo um bom livro. Fiz uma pausa e me atinei na navegação pela intranet da SME. Quando vi a chamada do Resultado, meu coração pulsou muito forte. Cliquei no link e vi o meu nome, marcado em verde. Não acreditei! Pulei da rede. E antes mesmo de divulgar com a família o resultado, chequei novamente. E foi só alegria. Contei para a minha esposa e filha, que ficaram alegres.

No entanto, logo apareceu a primeira dificuldade: o período do intercâmbio coincidiria com a formatura do ABC da minha filha, que era o momento mais desejado e aguardado por nós. Passou pela minha cabeça em desistir, mas em reunião familiar, decidimos que cada um teria que viver as suas idealizações distantes. E cada um vivenciaria a realização do outro *online*.

Vivenciar o intercâmbio é realmente o divisor de águas na vida de qualquer pessoa. E profissionalmente relatando, me proporcionou uma ampliação do meu sujeito como profissional em uma rede educacional e de experenciar as práticas educacionais de um outro país. O curso de imersão oferecido pela SME Fortaleza, para que nós soubéssemos de toda estrutura da nossa rede, me fez perceber a imensidão que é o nosso sistema.

Ao chegar em Limerick, na Irlanda, veio o grande choque cultural. A beleza da cidade, a organização, a pontualidade em tudo e o mais impressionante de tudo: o silêncio. Nas ruas, o silêncio; na universidade, o silêncio, nas escolas, o silêncio. Isso me impressionou de tal forma, que tive dificuldade de me readaptar a nossa realidade no retorno ao trabalho. As aulas propostas pela *Mary Immaculate College (MIC)* nos deram um norte de como estavam sendo desenvolvidas as práticas educacionais na Irlanda, que segundo o PISA é um dos melhores sistemas de educação do mundo. A curiosidade é que na prática, o sistema Educacional de Fortaleza não está tão atrás quando se pensa. Pois ofertamos muito mais condições de aprendizagem. No entanto, talvez por questões culturais e socioeconômico, ainda apresentamos índices desfavoráveis.

Em consonância com as aulas na MIC, com os estágios e visitas as escolas públicas, as aulas de campo e de imersão da cultura foi algo que arrematou o Programa Professores Sem Fronteiras Irlanda. Pois a Universidade, no pacote educacional, conseguiu contemplar diversos passeios para os mais diferentes condados do país. Conhecer cada cidade, os hábitos locais, a resistência de não deixar a língua local morrer, o *Irish*, foram momentos de intenso enriquecimento cultural.

Ademais, é imperativo que todos os professores da rede passem por tal experiência. Para além da expansão da visão de mundo há também a incorporação da valorização individual do profissional, o reconhecimento por todo trabalho que realizamos nas nossas escolas, na nossa comunidade escolar. É uma vivência única e intransferível. Professor/professora, inscreva-se no Programa Professores Sem Fronteiras e se permita viver essa jornada de aprendizagem.

Forte abraço!

Prof. Clauber Nascimento de Sousa

EMEF José Bonifácio de Sousa

Sempre tive interesse em movimentos que aconteciam além do nosso país, enquanto criança e pré-adolescente, em uma era sem internet nem celulares, eu, ainda imaturo, costumava vislumbrar novos horizontes. Nessa época era comum tocar nas rádios e nos LPs e CDs grandes nomes da *World Music*, e ficava imaginando "será que um dia irei entender o que eles cantam?", "como será onde eles moram?". Ao mesmo tempo, os filmes e grandes produções do cinema mostravam o mundo afora, o qual eu tinha grande curiosidade em explorar, chegando a perguntar a mim mesmo se aquilo tudo, mostrado nas telas, era real, ou simplesmente uma compilação de cenários cinematográficos.

Eu, cria da escola pública, morador do bairro Pici, via distante o sonho de ser um cidadão do mundo, até que vieram as primeiras aulas de Inglês, quando já estava cursando o ensino fundamental II, e foi paixão à primeira vista. As professoras, no afã das suas limitações de tempo, percebendo minha afinidade com o idioma, me incentivaram e me falaram que eu teria futuro. Contudo, vinham as barreiras à frente, que eram muitas, como: a que interessava um jovem pobre, negro, periférico falar outra língua? Além do senso comum, vinham inquietações à minha mente "como pagar um curso de idiomas, já que eram caríssimos e inacessíveis para mim? Contudo eu tinha a certeza, sonho que se corre atrás é realidade. Aprendi a ser autodidata, consequentemente, mais tarde, acessei o IMPARH (Instituto Municipal de Desenvolvimento de Recursos Humanos) em seu centro de línguas. Consequentemente, veio a aprovação no curso de Letras Português e Inglês na UFC. Nesse ínterim veio a primeira oportunidade de intercâmbio, contudo "bati na trave". Sendo aprovado para uma graduação sanduíche em Portugal, porém sem bolsa e sem condições de se manter.

Com o fim da graduação veio a aprovação para professor efetivo do município de Fortaleza, e lá estava eu, lotado na mesma escola em que fui alfabetizado, e a qual concluiu todo o ensino básico. A essa altura muitos colegas de faculdade já conheciam o mundo, eu via as fotos e escutava os relatos com a certeza que eu amaria viver tudo aquilo, porém minha realidade financeira ainda não possibilitara.

Algum tempo depois, vi algumas notícias que havia sido aprovado um projeto a fim de promover o intercâmbio de professores da rede municipal de Fortaleza, no entanto "não botei muita fé". Então, chegou o ano de 2023, que representou uma "virada de chave" na minha vida. Logo, são abertos os primeiros editais do PSF, para minha surpresa muitos dos pré-requisitos que marcaram as pontuações eram coisas que eu já havia feito e escrito através da minha experiência na rede de ensino, me empolguei, e me inscrevi para o edital PSF França e, mais uma vez, bati na trave. Todavia fiquei feliz, pois um colega da escola havia passado. Com seu retorno, dialogamos e eu fiquei com a sensação de que "na próxima dará certo" e de que era realmente aquilo que almejava.

Para minha surpresa veio o edital PSF Irlanda, um pequeno país do qual eu conhecia apenas através de suas bandas de pop rock e que ouvia falar pouco, mas sabia que tinha uma cultura pulsante. Por ser uma nação de Língua Inglesa pensei que aquele edital caiu como uma luva em minhas mãos. Logo, corri e, com muito esmero, fiz minha inscrição. Alguns dias depois recebo os parabéns no grupo de whatsapp da escola que trabalho, fiquei estarrecido, não esperava tão boa classificação. A ficha só começou a cair quando passei pela fase de entrega de documentação e participei do curso de formação.

Soube que seríamos recepcionados na cidade de Limerick, chegando lá tudo parecia um sonho, não esperávamos tanto. Tivemos tanto a SME quanto da MIC (*Mary Immaculate College*) nos apoiaram em tudo. No primeiro dia de aula veio mais um choque emocional, a estrutura da universidade era esplêndida e estávamos tendo aulas com os melhores professores de um país que é destaque na União Europeia devido aos seus bons resultados na área educacional.

Não bastasse isso tudo, começamos a imergir nas escolas da Irlanda, bem como ONGs, igrejas, castelos, e outras instituições. Fora as aulas de campo em outras cidades do país, agregando cultura e história ao nosso aprendizado. As cenas continuam vivas até hoje em minha mente, creio que mente de todos que participaram. Aquilo foi único, mas também vislumbrava mais, queria deixar um pouco a nossa cultura naquela cidade, queria contribuir, deixar nossa marca. Assim, tentei fazer junto aos colegas. Ademais, ao visitarmos as escolas, distribuímos brindes, exaltamos nossa cultura, levamos conosco nosso povo e buscamos promover atividades que fomentaram esses pontos. Nessa altura já éramos como uma grande família, todos buscando o mesmo propósito.

Como ce disse essa experiência foi um sucesso, diria que a vivência mais marcante da minha vida e de muitos que participaram. Foi uma espécie de clímax na minha carreira, a cereja do bolo, depois de tantos desafios enfrentados. Ao retornar ao Brasil, tivemos oportunidade de criar projetos de intervenção, bem como trabalhos acadêmicos que estão ecoando nas redomas das principais Universidades do nosso estado. A essa altura aquele garoto, cheio das limitações sociais, por ironia do destino, hoje está repassando toda a sua experiência na mesma escola municipal onde foi alfabetizado e teve sua primeira aula de inglês.

Para mim, o PSF não é só um projeto, é a realização de sonhos, é a motivação e o sentir-se valorizado, é emergir dentro das melhores universidades da Europa a força da escola pública fortalezense, é partilhar e trazer de volta, é ter orgulho de quem somos, é lutar para trazer os nossos, é saber que estamos nos caminhos certos, é ter gratidão a Deus e a todos que sonharam juntos esse programa, é vivenciar momentos inenarráveis e avassaladores. É, acima de tudo, ter a certeza de que vale a pena acreditar na educação.

Prof.ª Ana Alice Coutinho de Araújo

Escola Municipal Gustavo Barroso

Participar de um intercâmbio é uma experiência enriquecedora em vários aspectos, além de aprimorar um novo idioma, o intercâmbio proporcionou um mergulho em uma nova cultura, oferecendo a oportunidade de viver o cotidiano de um país diferente. Isso incluiu desde a adaptação aos costumes locais, o contexto educacional, até a apreciação da culinária, das tradições e das relações interpessoais. Outro aspecto importante foi o crescimento pessoal. Ao estar longe de casa e fora da zona de conforto, desenvolvi habilidades de autonomia, resiliência e adaptação. É comum que, durante o intercâmbio, você precise lidar com desafios como a saudade de casa, dificuldades com o idioma e o processo de se adaptar a uma nova rotina. Superar esses desafios me trouxe um senso de realização e fortalecimento da autoconfiança.

No aspecto acadêmico e profissional, o intercâmbio cultural e pedagógico me proporcionou muitas conquistas e uma delas foi aprender o que há de mais atual em metodologias e práticas de sucesso na área da educação. Assim como uma imersão no contexto educacional de ensino e prática inclusiva através de trocas de experiências. Além disso, o contato com sistemas de ensino diferente pôde ampliar as minhas perspectivas sobre a minha área de estudo e atuação. A experiência do intercâmbio é um investimento em si mesmo, que traz benefícios que vão muito além do aprendizado de um idioma. É uma oportunidade de crescimento cultural, pessoal e profissional.

Neste contexto pude participar de aulas que trabalharam a importância e o impacto que a Educação tem na vida dos estudantes e conhecer um pouco sobre carreira e formação do professor, métodos de ensino desenvolvidos nas escolas de educação básica e superior, projetos que aperfeiçoam a prática pedagógica e são facilitadores de aprendizagem naquele país, também um pouco de como se dá o processo da prática inclusiva nestas instituições de ensino. Os estudos aconteceram na instituição de ensino superior Mary Immaculate College, onde me senti acolhida com muito respeito e carinho por todos.

Emergir na cultura local, perceber como os nativos valorizam sua cultura, seu povo, sua língua materna, uma mistura de tecnologia com histórias dos séculos passados envolvem encantamentos nas ruas, arquiteturas de casas e castelos me remeteram a um misto de emoções, entre o real e o imaginário unificado a um clima surpreendente onde pude me deleitar com as maravilhas de um céu magnífico com paisagens exuberantes através de um show de cores chamado de arco-íris.

A metodologia utilizada durante todo o intercâmbio definiu-se entre aulas e palestras na universidade, visitas às escolas e momentos culturais. Entre as visitas em algumas escolas foi possível conhecer como são trabalhados também os aspectos educacionais inclusivos e me chamou bastante a atenção o atendimento dos alunos com Transtorno do Espectro Autista, que tem inicio logo na chegada do estudante na escola, no qual são encaminhados e atendidos na sala especial, estes estudantes primeiramente são acolhidos e atendidos neste espaços como uma forma de adaptação para aos poucos serem inseridos nas salas de aulas comuns, é relevante dizer que cada caso é um caso.

Também percebemos que as práticas eram muito parecidas como as do AEE no Brasil e em Fortaleza, salas estruturadas e recursos pedagógicos utilizados para o atendimento dos estudantes, em uma das escolas conhecemos dentro da sala especial havia um espaço sensorial onde as crianças eram atendidas individualmente algumas vezes na semana por uma professora que não é a regente da sala que desenvolvia o trabalho de integração sensorial. Os atendimentos iam de acordo com as especificidades de cada um e habilidades que já tinham e que ainda precisavam adquirir "maturidade" para serem inseridos por completo na sala de aula regular. Estes alunos participavam de aulas de artes, música, esportes e outras e também realizavam momentos na sala comum para irem se familiarizando. Em uma das visitas percebemos que os alunos com autismo e deficiência considerada mais leve eram inclusos em salas regulares, estes alunos também tem atendimentos especializados dentro do próprio turno, hoje na escola só há alunos com TEA, alunos com cegueira e surdez são atendidos em instituições especializadas.

Nos foi repassado nas aulas que tivemos na faculdade, que na formação inicial dos professores os alunos que estão na graduação tem disciplinas e estágios obrigatórios relacionados as disciplinas sobre a inclusão e sobre o universo da escola inclusiva, nesse sentido, quando comparamos ao nosso país, vemos que na graduação disciplinas sobre inclusão vão para as optativas e não são parte do currículo obrigatório, já na Irlanda o graduado já conclui seu curso com essa base e a compreensão de como é o processo de escolarização numa perspectiva inclusiva. Nessas aulas nos foi apresentados documentos norteadores que dão suporte técnico aos professores não somente sobre as patologias e o manejo de situações relacionadas às necessidades dos alunos, como também norteiam o processo de avaliação e acompanhamento sistemático desses estudantes.

Como professora do Atendimento Educacional Especializado fiquei encantada em perceber a preocupação da escola em acolher primeiramente os estudantes público-alvo da educação especial para que haja uma adaptação e aos poucos a imersão dos estudantes ao ensino regular como forma de familiarização e preparação para o universo inclusivo. Volto para o meu país renovada em todos os aspectos da minha vida, como se tivesse recarregado minhas energias e na bagagem trouxe muito conhecimento, me fez repensar minha prática pedagógica e amar cada vez mais o que faço, ressignifiquei o verdadeiro sentido da vida.

Diante de tudo que foi exposto nesta carta, quero agradecer primeiramente a Deus por me permitir viver e contemplar as maravilhas de cada amanhacer, a prefeitura municipal de Fortaleza que tem uma política de incentivo ao magistério, e uma dessas políticas é o intercâmbio, um investimento feito para valorização dos docentes da rede, agradecer imensamente a todos que fazem parte da Mary Immaculate college por toda receptividade e dedicação para nos proporcionar conhecimento e momentos inesquecíveis, aos coordenadores e colegas que se permitiram embarcar juntos nessa experiência exitosa chamada professores sem fronteiras.

Prof.ª Sônia Elane Araújo

CEI Deputado Edson Queiroz Filho

Descrever em poucas linhas sobre o intercâmbio para a Irlanda, talvez seja o capítulo mais difícil deste lindo livro que vocês agora têm em mãos.

Primeiramente gostaria de agradecer a Prefeitura Municipal de Fortaleza por proporcionar uma experiência tão enriquecedora em nossas vidas, tanto profissionalmente como no contexto pessoal, tendo em vista que formamos laços de amizade, firmamos traços afetivos, formos marcados por exemplos e deixamos também nossas marcas.

Logo nos primeiros encontros na Academia do Professor, tivemos o privilégio de sermos bem acolhidos e compreender que nossa rede de ensino tem conquistado altos patamares de qualidade e podemos ampliar nosso senso de pertencimento dentro do contexto no qual estamos inseridos.

Os dias que antecederam a viagem foram de muitas alegrias. Um misto de ansiedade, preocupação e atenção redobrada para que tudo estivesse dentro das exigências.

Chegou a grande data! Os primeiros encontros, as risadas com o grupo (e que grupo!), os primeiros perrengues, a bota que o solado descolou e a cola "Super Bonder" que sutilmente salvou o dia, a colega que confundiu o voo e que sem querer se perdeu do grupo, mas ganhou um bordão que nos acompanhou durante toda a viagem: "cadê a Maria Cristina?"

Conhecer a universidade foi incrível. Indescritivelmente, um lugar inspirado que levarei para minha vida: a pontualidade, a ética me fizeram lembrar das palavras do mestre Paulo Freire: "a boniteza anda de mãos dadas com a decência." Sobre boniteza, aqui literalmente está relacionado ao espaço geográfico que é lindíssimo e a decência, vejo o comprometimento de todos que fazem parte do Mary Immaculate College.

As visitas às instituições de ensino me chamaram atenção. A clareza na linguagem dos professores durante os diálogos com as crianças, os gestos educados do grupo, a delicadeza nas palavras um para com os outros, a concentração de uma sala que pulsa vida, mas que também compreende que o respeito faz parte da rotina da escola.

Aprendemos sobre inclusão, uso de ferramentas educacionais, danças, cultura e principalmente como a Irlanda em um período curto conseguiu se tornar referência em educação.

Meu coração é grato por tudo que vivenciamos enquanto grupo. Sem modéstia nas palavras: "somos incríveis" e permitam-me fazer uso da licença poética, poque o intercâmbio para a Irlanda foi e será sempre "NOSSO".

Trouxemos de lá para cá, um modo particular de transmitir aos outros colegas das nossas escolas, tudo que vimos e ouvimos durante a viagem. Para as nossas crianças, voltamos com o mesmo sotaque nordestino, porém professores em suas versões melhoradas e com a mente mais criativa.

Aos que ainda irão, aconselho a dedicar-se a tudo que lá irão aprender e a ter sabedoria para usar o conhecimento da forma mais encantadora ao retornar ao nosso país. Assim como diz Alice Proença: "Entre o real e o ideal... O possível!"

Forte abraço de uma das 27 felizardas participantes deste projeto chamado Professores Sem Fronteiras – SME Fortaleza.

Prof. Claudecio Moreira dos santos

CEI Bergson Gurjão Farias

No mês de dezembro, a Secretaria Municipal de Educação (SME) de Fortaleza promoveu um intercâmbio para a Irlanda, proporcionando a nós professores a oportunidade de vivenciar uma experiência internacional única. Esta iniciativa buscou ampliar nossos horizontes educacionais, culturais e pessoais, contribuindo para a formação mais cidadã e nós preparados para os desafios globais.

O intercâmbio, realizado em um dos mais belos e acolhedores países da Europa, a Irlanda, Me ofereceu imersão em um ambiente de aprendizado intenso e enriquecedor. Durante o programa, tive a oportunidade de aprimorar meus conhecimentos na língua inglesa, explorar novas metodologias educacionais e vivenciar a rica cultura irlandesa.

Fomos acolhidos em escolas parceiras que nos proporcionaram uma verdadeira imersão no cotidiano irlandês. As atividades incluíram aulas, workshops, visitas a pontos turísticos e históricos, além de intercâmbios culturais com estudantes locais. Essa vivência possibilitou uma troca de experiências que vai além da sala de aula, promovendo um aprendizado significativo sobre tolerância, diversidade e respeito mútuo.

Para mim, o intercâmbio representou uma oportunidade de desenvolvimento profissional, com trocas de práticas pedagógicas e metodologias inovadoras que podem ser adaptadas e implementadas nas escolas de Fortaleza.

O intercâmbio para a Irlanda promovido pela SME de Fortaleza foi uma experiência marcante e transformadora para todos os envolvidos. Mais do que o aprimoramento da língua inglesa, essa vivência reforçou a importância de uma educação global e inclusiva, que prepara os indivíduos para os desafios do mundo contemporâneo. A iniciativa reflete o compromisso da SME com a qualidade da educação e o desenvolvimento integral de seus alunos e educadores.

Aos meus amigos, fica o desejo de que essa experiência seja apenas o começo de muitas outras oportunidades de aprendizado e crescimento. Que as lições vividas na Irlanda inspirem novas conquistas e contribuam para a construção de um futuro promissor.

Prof.ª Joana D'arc Matos Fernandes Dutra

Escola Municipal Novo Renascer

Caros colegas,

Gostaria de compartilhar com vocês a experiência enriquecedora que foi a minha participação no Programa Professores Sem Fronteiras-Irlanda 2023, oferecido pela Secretaria Municipal de Fortaleza, que visa proporcionar aos professores uma oportunidade única de explorarem novas abordagens pedagógicas, trocarem experiências com colegas internacionais e aprimorarem suas habilidades em outros idiomas.

A minha primeira motivação para participar foi despertada durante o Evento Festival Internacional Outubro Docente, onde foi exibido um vídeo de alguns colegas professores que estavam realizando o intercâmbio na Espanha e França. Ao refletir sobre a importância de conhecer outras realidades educacionais, descobrir o novo e enriquecer minhas práticas pedagógicas resolvi fazer a inscrição.

A seleção foi criteriosa, avaliando tanto nossas qualificações acadêmicas quanto nossa dedicação à educação. Ser selecionada foi uma honra e um reconhecimento do trabalho que realizo na escola por longos anos da vida dedicados à missão de educar. A jornada iniciou a partir dos preparativos para a viagem, que foram intensos com muitas expectativas e ansiedade, mas também com grande entusiasmo e dedicação.

Durante o curso de formação tive a felicidade de conhecer meus companheiros de viagem, que assim como eu estavam felizes e curiosos referente a tudo o que dizia respeito ao intercâmbio. Através do curso aperfeiçoamos nossos conhecimentos sobre os projetos desenvolvidos em todas as modalidades de ensino nas escolas municipais de Fortaleza. Também recebemos orientações essenciais sobre o intercâmbio, como relação de documentos necessários, moeda local, estadia, vestimentas adequadas ao clima, regras, espaços acadêmicos, horários livres e passeios culturais.

E assim num clima de empatia, amizade e confiança, junto aos meus colegas professores partimos do Brasil com o mesmo objetivo. Desde o momento que desembarcamos fomos recebidos com a calorosa hospitalidade irlandesa. Os estudos acadêmicos foram desenvolvidos na MIC- Mary Immaculate College no Condado de Limerick. Experiência que me permitiu não apenas aprender com educadores locais e vivenciar práticas inovadoras, mas também aprofundar os meus conhecimentos teóricos e práticas educacionais, ampliando ainda mais minha visão sobre ensino aprendizagem.

Durante esse período também explorei os encantos turísticos da Irlanda, ao visitar os locais culturais que estavam inseridos no roteiro do intercâmbio, o que me proporcionou momentos de emoções e deleites como: Castelo de King John, a catedral de St. Mary, o Milk Market, os condados de Dingle, Galway, Clare, Vilarejo de Lahinch e a capital Dublin. O inesquecível passeio de barco no Lago Derg, os deslumbrantes Cliffs of Moher e por último o banquete de Natal, música e jantar no Castelo de Bunratty. Foram momentos inesquecíveis que ficarão para sempre na minha memória afetiva. Inspirada por essa vivência transformadora, encorajo todos vocês a participarem, pois é uma chance única de crescimento profissional e pessoal, que certamente trará muitos benefícios para a nossa prática educacional e para os nossos alunos.

A experiência da imersão em um ambiente internacional não só amplia nossos horizontes, mas também nos conecta com outras realidades e formas de ensinar. Expresso minha sincera gratidão a toda equipe responsável pela organização do Programa Professores Sem Fronteiras pelo trabalho incansável e dedicado em proporcionar essa oportunidade única aos educadores. Graças a essa iniciativa da Secretaria Municipal de Educação de Fortaleza, estamos construindo uma ponte para um futuro mais promissor e enriquecedor para a Educação de Fortaleza.

Conto com a participação de todos vocês nessa jornada de aprendizado e transformação. Vamos juntos fazer a diferença na educação e contribuir com um futuro melhor para nossos estudantes.

Com apreço e respeito.

Prof.ª Sherida Ferreira Pinheiro de Mesquita

Escola Municipal Ernesto Gurgel

Caros educadores, autoridades e sociedade,

Vivemos em uma era de constante transformação, onde o conhecimento e a experiência intercultural se tornaram pilares essenciais para a formação de professores que desejam impactar positivamente a educação de seus alunos. Em um mundo cada vez mais globalizado, a oportunidade de participar de um intercâmbio, especialmente em um país como a Irlanda, representa uma experiência enriquecedora e transformadora para os profissionais da educação.

A Irlanda, com sua rica história, cultura vibrante e sistema educacional avançado, oferece um ambiente ideal para o desenvolvimento pessoal e profissional dos professores. Durante o intercâmbio na Irlanda, nós, professores, tivemos a chance de expandir nossas perspectivas, aprender novas abordagens pedagógicas e aperfeiçoar nossas habilidades linguísticas, especialmente no domínio do inglês. Esta imersão em uma nova cultura não apenas ampliou horizontes, mas também permitiu que levássemos de volta para as nossas salas de aula um conhecimento globalizado que enriquece o currículo escolar e a formação dos nossos alunos.

A Irlanda é mundialmente reconhecida por seu sistema educacional de alta qualidade, que valoriza o pensamento crítico, a criatividade e o aprendizado contínuo. O país também se destaca pela hospitalidade de seu povo e pela forma como abraça a diversidade cultural. Para nós, vivenciar a educação em um contexto irlandês significou aprender em um ambiente que valoriza a inovação pedagógica, ao mesmo tempo em que preserva o respeito pelas tradições e valores educacionais, como a saúde mental dos alunos e professores.

Participar de um intercâmbio na Irlanda permitiu-nos desenvolver uma compreensão mais profunda das melhores práticas educacionais, que podem ser adaptadas e aplicadas em nossas escolas de origem. Ao experimentar novas metodologias, retornamos com estratégias inovadoras para engajar nossos alunos e tornar o aprendizado mais dinâmico e eficaz.

A vivência em um país estrangeiro também desperta uma maior empatia e compreensão cultural, que são transmitidas aos alunos, promovendo um ambiente escolar mais inclusivo e acolhedor. E que podemos inspirar nossos alunos a serem mais abertos ao mundo, incentivando o respeito à diversidade e a busca por novas oportunidades de aprendizagem.

Diante de tudo anteriormente mencionado venho agradecer imensamente ao Programa Professores Sem Fronteiras que nos proporcionou tamanha experiência, demonstrando o interesse em investir no desenvolvimento profissional de nós, educadores da rede municipal de Fortaleza, oferecendo-nos essa oportunidade de vivência internacional que certamente terá um impacto positivo em nossas carreiras e na qualidade da educação que oferecemos em sala de aula. Aliás, já vejo bons resultados florindo a partir dos projetos desenvolvidos no retorno ao Brasil.

Por fim, esta carta aberta é um convite aos professores: explorem novas culturas, abracem o aprendizado contínuo e levem o mundo para suas salas de aula! A experiência de um intercâmbio não é apenas uma jornada pessoal de crescimento, mas uma ponte para uma educação mais rica, diversa e globalizada.

Com gratidão e esperança num futuro promissor para a nossa sociedade,

Sherida Mesquita

Prof.ª Eveline Pereira Dantas

Escola Municipal Bergson Gurgel Farias

É com imensa alegria e profunda gratidão que venho expressar minha experiência no Projeto Professores Sem Fronteiras, idealizado pela Secretaria Municipal de Educação de Fortaleza, em Dezembro de 2023, para a Irlanda.

Fazer um intercâmbio sempre foi uma vontade latente em mim, desde a época do colégio, mas esse presente só foi concedido no tempo certo, com o amadurecimento e o conhecimento aflorados em mim.

O edital para a Irlanda foi o terceiro lançado pela Prefeitura e a minha primeira inscrição. Achava algo longe de mim e não me via com a pontuação adequada para participar desse projeto. Foi por causa do incentivo de um amigo, que também participou do programa, que criei coragem para me inscrever, já no último dia. Não alimentei expectativa nenhuma até o resultado final e, quando este saiu, parecia que eu estava vivendo num sonho.

Foram dias corridos de cursos e de preparação para a tão sonhada viagem. Tivemos a oportunidade de conhecer e nos aprofundar nos vários projetos que a Prefeitura de Fortaleza desenvolve para valorizar e incentivar a aprendizagem dos alunos e fiquei ainda mais admirada e orgulhosa por fazer parte dessa rede e contribuir com seu sucesso há quatorze anos. Esses dias que antecederam a viagem também foram muito importantes, pois começamos a construir laços com todos os outros participantes e era nítido que todos nós estávamos vivendo o mesmo sonho.

Limerick foi a acolhedora cidade que nos recebeu e lá vivemos quinze dias muito felizes, entre 02 a 17 de dezembro. Foram duas semanas intensas de curso teórico, onde tivemos o privilégio de conhecer a história do desenvolvimento e de superação da Irlanda. Foram conversas e trocas de relatos com profissionais que enriqueceram bastante o curso. Vivenciamos a rica experiência de visitar algumas escolas e conhecer a dinâmica de funcionamento delas. Essas visitas nos proporcionaram um contato mais direto tanto com os professores como com os alunos e me fez ter a certeza que estou no caminho certo e que o trabalho realizado em nosso município, com todos os seus projetos de incentivo e valorização dos profissionais, nos deixa numa posição de igualdade com o país visitado, no que diz respeito à prática escolar.

O intercâmbio, além de nos possibilitar conhecer a educação irlandesa, nos permitiu mostrar um pouco do nosso trabalho e da nossa cultura, principalmente nos encontros com as crianças. Tivemos a oportunidade também de conhecer algumas cidades, vivenciar alguns costumes e alimentar nosso interesse pela parte cultural daquele país.

Para mim, o Projeto Professor Sem Fronteiras vai além de um intercâmbio educacional porque ele mudou não só minha conduta profissional. Reconheço que essa experiência modificou minha vida em todos os sentidos e sou muito feliz por ter vivido esse momento.

Agradeço imensamente à Prefeitura de Fortaleza, por meio da Secretaria Municipal de Educação, por valorizar os profissionais da sua rede, por alimentar e realizar sonhos e por incentivar o crescimento de seus colaboradores.

Aos colegas educadores, acreditem no seu potencial e não desistam diante das dificuldades. Que sigamos na certeza de que a educação transforma.

SOBRE OS AUTORES

Ana Alice Coutinho de Araújo
Graduada em Pedagogia
Especialização em Psicopedagogia clínica e Neuropsicopedagogia
Mestranda em Políticas Públicas
Escola Municipal Gustavo Barroso

Ana Maria Barreto de Lima
Graduação em Letras/Português-Inglês
Mestrado em Estudos da Tradução
EMEF José Alcides Pinto

Ana Stela Pereira dos Santos
Graduação em Educação Física
Especialista em Educação Física escolar
Mestra em Educação Física escolar
EMEIF Secretário Paulo Petrola

Clauber Nascimento de Sousa
Graduação em Letras/Português-Inglês
Mestrado em Linguística
EMEF José Bonifácio de Sousa

Claudecio Moreira dos santos
Graduação em Pedagogia
Especialização em Psicopedagogia e coordenação pedagógica
CEI Bergson Gurjão Farias

Eveline Pereira Dantas
Graduação em Pedagogia
Especialização em Psicopedagogia
Escola Municipal Bergson Gurgel Farias

Erika Regine de Melo Montenegro
Graduação em Pedagogia
Especialista em Psicopedagogia e Gestão escolar
Mestre em Ciências da Educação
Escola Prof. Maria Liduina Corrêa Leite

Francisca Arivaldenia Braga Mendonça Reis
Graduação em Letras/Francês
Especialização em Ensino de Língua Portuguesa e Literatura
Mestrado: Letras/ Linguagens e Letramentos
Escola Manuel Lima Soares

Gilvânia Rocha Rodrigues de Oliveira
Graduação em Pedagogia
Especialização em Gestão e coordenação escolar
Mestranda em Políticas Públicas
Escola CEI Ana Amélia

Joana D'arc Matos Fernandes Dutra
Graduação em Pedagogia
Licenciada em Português e Inglês
Especialização em Psicopedagogia
Mestre em Ciências da Educação
Escola Municipal Novo Renascer

Leila Maria Rodrigues Silva
Graduação em Pedagogia
Especialização em Psicopedagogia
Mestrado em Ciências da Educação
Escola Maria Liduina Corrêa Leite

Marizio Alexandre Silva Miranda
Graduação em Pedagogia
Especialização em Docência para a Educação Profissional
EMEF Antônio Mendes

Maria Cristina Nunes de Sousa
Graduação em Pedagogia
Especialização em Metodologia do Ensino Fundamental e médio
EMEIF Professor Jacinto Botelho

Maria José Gonçalves Bernardo
Graduação em Pedagogia
Especialização em Psicopedagogia e AEE
Mestrado em Linguística e Ensino
CEI Vicente Fialho

Maria Enildes Santos Antunes
Graduação em Pedagogia
Especialização em supervisão e orientação educacional
Escola Professor Francisco Maurício da Mattos Dourado

Maria Fabiana Machado de Oliveira
Graduada em Pedagogia e Letras/Português
Especialização em Psicopedagogia Institucional e clínica
Escola Municipal Bergson Gurjão Farias

Maria das Graças Barros
Graduada em Letras/Literatura
Mestranda em Saúde Coletiva
EMEIF Maria Dalva Severino Marreiro

Magno dos Santos Gomes
Graduação em Letras/Português
Especialização em Metodologia do Ensino da Língua Portuguesa e Literatura
EMTI Prof. Joaquim Francisco de Sousa Filho

Paulo Gabriel Lima da Rocha
Licenciado e Bacharelado em Educação Física
Licenciatura em Filosofia e História

Especialista em Psicomotricidade e Psicopedagogia
Especialista em Psicologia do Esporte
Mestre em Ensino na Saúde
Doutor em Ciências do Esporte
CEI – Rocha Lima

Regina Ângela Esteves da Justa Santos
Graduação em Pedagogia
Especialização em Formação de professores e formação docente
Mestra em Ciências da Educação
Doutoranda em formação de professores
EM Godofredo de Castro Filho

Régia Costa Farias
Graduação em Pedagogia
Especialização em Psicopedagogia
Escola Municipal Maria Zélia Correia

Ronny Roberto Queiroz de Assis
Graduação em Português
Especialização em Gestão e Coordenação escolar
Mestrado em Letras
Doutorando em Ciências da Educação
Escola de Tempo Integral Maria José Ferreira Gomes

Sherida Ferreira Pinheiro de Mesquita
Graduação em Ciências Biológicas
Especialização em Gestão Ambiental
Mestrado em Biodiversidade Animal
Escola Municipal Ernesto Gurgel

Sônia Elane Araújo
Graduação em Pedagogia
Especialização em Ciências da Educação
Mestrado Ciências da Educação
CEI Deputado Edson Queiroz Filho

Grupo de professores da rede municipal de ensino de Fortaleza em intercâmbio em Limerick – Irlanda: Universidade Mary Immaculate College